Manifeste pour la psychanalyse

Sophie Aouillé, Pierre Bruno,
Franck Chaumon, Guy Lérès,
Michel Plon & Erik Porge

Manifeste pour la psychanalyse

La fabrique
éditions

www.lafabrique.fr
Conception graphique :
Jérôme Saint-Loubert Bié
ISBN : 978-2-35872-012-0

La Fabrique éditions
64, rue Rébeval
75019 Paris
lafabrique@lafabrique.fr
Diffusion : Harmonia Mundi

Sommaire

Introduction

Depuis le début de ce nouveau millénaire, la psychanalyse semble avoir perdu de son crédit dans le monde des idées et dans ce qu'il est convenu d'appeler l'opinion publique. Mais les critiques dont elle fait l'objet ne sont pas nouvelles : dès son avènement, la découverte freudienne a suscité la défiance chez cette partie de l'humain toujours portée à jouir de son emprise sur l'autre, à protéger son illusion de maîtrise.

Les psychanalystes eux-mêmes ne sont pas à l'abri d'une telle réaction puisque leur pratique suppose qu'ils soient démis de leur position initiale. Une psychanalyse vise en effet à élucider et à résoudre la face noire du transfert, celle qui scelle la soumission au surmoi. Freud était averti de cet état de fait. Dans une lettre en date du 23 novembre 1919 adressée à Max Eitingon, il fait part de ce qui était son souci à « l'époque où la psychanalyse ne reposait que sur [lui] », à savoir son inquiétude « sur ce que la canaille humaine » ferait de la psychanalyse quand il ne vivrait plus[1].

Si la volonté d'éradiquer la psychanalyse a persisté, celle-ci a cependant survécu. Non seulement elle n'a pas été enterrée avec Freud, mais elle a largement pénétré le tissu social, non pas tant par contagion culturelle mais, plus simplement et plus efficacement, du fait qu'il n'y a jamais eu dans le monde autant d'analysants, et cela contrairement à une certaine vocifération médiatique qui fait tout ce qu'elle peut pour laisser croire à l'affaiblissement, prélude à sa disparition, de cette expérience qui est aux innombrables thérapies ce que le voyage dans le temps est à l'achat d'une montre.

Il importe de le rappeler, une expérience analytique conduite à son terme n'a pas d'équivalent. Son issue ouvre à une délivrance qui défait le lien d'acier existant entre jouissance, répétition du même et culpabilité. Un analyste peut conduire des cures à ce point, à condition de ne pas renier sa propre expérience d'analysant, ce qui lui est évidemment plus difficile si celle-ci a été écourtée. Sans doute, à cet égard, le scepticisme affiché par Freud s'explique-t-il par le caractère encore précaire de la pratique que sa découverte autorisait. Lacan a rendu cette pratique mieux appropriée à la finalité de la psychanalyse, mais ce pas en appelle d'autres.

La question se pose alors : qu'en est-il des cures qui, tout en procurant à l'analysant un bénéfice thérapeutique considérable, ne sont pas telles qu'on puisse les dire finies au sens qui vient d'être indiqué ? N'est-ce pas là reconnaître une certaine continuité entre le thérapeutique et le psychanalytique, la différence n'étant que de degré ? Assurément non. D'une part, c'est parce que l'analyste a maintenu sa position d'analyste que, même dans ces cures inachevées, le bénéfice thérapeutique est à la fois patent et durable. En fait, l'analysant qui s'arrête en deçà du point qu'il aurait pu franchir en persévérant sait, et souvent il le dit, qu'il aurait pu poursuivre. Il peut ainsi, par ce savoir d'un savoir en défaut, être averti de l'illusion d'un accès à une vie harmonieuse ou normalisée. D'autre part, si la psychanalyse se contentait de ces résultats, aussi positifs soient-ils, elle finirait par perdre à terme le tranchant de son discours en renonçant à l'ambition qui a été celle, originaire, de

Freud : proposer une réponse concrète, singulière, sans pareille et sans égale à la pulsion de mort.

Si l'on peut soutenir que la refonte lacanienne de la découverte freudienne a donné à celle-ci une seconde vie, la psychanalyse n'en continue pas moins de provoquer la défiance et les tentatives de rejet. En octobre 2003, dans le cadre d'un projet de loi de santé publique débattu à l'Assemblée nationale, le député Bernard Accoyer déposait un amendement qui, sous couvert de protéger le public des « charlatans » et de lui donner la garantie que les psychothérapeutes verraient leur formation contrôlée, englobait les psychanalystes sous cette dénomination générique. Ce fut le début de ce que l'on a alors appelé « l'affaire Accoyer », qui suscita une vive mobilisation de la part des psychanalystes et mit au jour leurs profondes divisions quant aux réponses apportées à ce projet de loi.

Le 9 août 2004, cette loi de santé publique était finalement promulguée[2]. L'article 52 visait directement les psychanalystes : ceux d'entre eux « régulièrement enregistrés dans les annuaires de leurs associations » se voyaient en effet, comme les médecins et les psychologues diplômés en psychopathologie, partiellement dispensés des conditions prescrites aux psychothérapeutes pour être inscrits dans le fichier des psychothérapeutes de leur département.

Par le biais de cet article 52, c'est le cheval de Troie de la logique des évaluations, des garanties d'État et des « droits à » qui a désormais pris pied dans le champ psychanalytique. L'idéologie du risque zéro n'en finit pas aujourd'hui de produire une avalanche de procédures, de contrôles tatillons et d'audits soupçonneux qui mettent en place une culture non pas de protection authentique mais de défiance, sur fond de discrimination. Cette tendance lourde correspond par ailleurs aux impératifs financiers du néolibéralisme. Dès lors, ce qui menace la psychanalyse n'est plus tant de se voir exclure par la médecine que de se voir inclure dans l'empire de la psychologie, discipline où les idéologies techno-scientistes d'inspiration comportementaliste et cognitiviste, faisant parfois bon ménage avec la vieille hypnose, ont – pour combien de temps ? – le vent en poupe. On sait la vogue actuelle de la psychologie cognitive, surtout dans ses applications thérapeutiques souvent catastrophiques. Pour caractériser son impasse, il suffit de rappeler qu'elle ne fait que prendre le relais du vieux spiritualisme : l'acte y est conçu comme déduit d'une cognition. Et ce « renouveau », qui tente d'usurper le prestige des neurosciences, doit beaucoup à une psychanalyse comprise de travers puisqu'un de ses berceaux se trouve être l'École « psychanalytique » de Palo Alto.

Ce n'est certes pas la première fois que la psychanalyse se retrouve dans un *moment critique*, c'est-à-dire menacée non pas tant d'être dissoute ou interdite mais, ce qui est peut-être pire, dénaturée. Le danger n'est pas à sous-estimer ainsi qu'en témoigne le destin de la psychanalyse dans certains pays d'Europe comme l'Allemagne, les Pays-Bas, l'Italie et la Grande-Bretagne. Ce dernier pays constitue un exemple particulièrement frappant puisque la psychanalyse, après s'y être enracinée de manière exemplaire – les noms et les œuvres de Melanie Klein et de Donald. W. Winnicott parmi d'autres en portent témoignage –, a pu, en quelques décennies, être mise à mal par un processus d'intégration institutionnelle qui actuellement se durcit encore.

En France, la réponse des psychanalystes à cette menace n'a pas été à la hauteur. La Société psychanalytique de Paris (SPP), rattachée à l'International psycho-analytical Association, a logiquement approuvé ce pourquoi elle militait déjà : le privilège de former des psychothérapeutes analytiques et, à terme, la reconnaissance par l'État d'un titre de psychanalyste.

Chez les psychanalystes se réclamant de l'enseignement de Lacan, la mise en place d'un front uni, que l'on eût pu espérer, n'a pas eu lieu. D'une part, le « Groupe de contact», réunissant des représentants de la SPP et d'associations lacaniennes (dont certaines numériquement importantes, telles que l'Association lacanienne internationale, Espace analytique, l'École de psychanalyse des Forums du champ lacanien...), ne s'est pas opposé à l'esprit de l'article 52, sans d'ailleurs que ces prises de position aient résulté d'un débat interne. Et, comme on pouvait s'y attendre, l'idée d'un Ordre a alors refait surface, en corrélation avec l'opinion que le statut du psychanalyste devait être plutôt l'affaire de la corporation que celle de l'État.

De son côté, l'École de la Cause freudienne a adopté une position ambiguë en récusant d'abord l'amendement Accoyer et en proposant la création d'un collège ayant pour fonction d'observer les pratiques et de faire des recommandations. En réalité, comme d'autres associations importantes, l'École de la Cause freudienne a cédé aux sirènes du marché de la psychothérapie : compte tenu de la mise en place de ses sections cliniques, cette institution a estimé qu'elle pourrait facilement devenir un creuset de formation des psychothérapeutes, comme cela s'est fait en Italie. Du coup une alliance douteuse a été passée avec certains groupes de psychothérapeutes, au nom de ce signifiant confusionnel par excellence que constitue ce vocable de *psy*.

Enfin, certaines associations, comme l'Association de psychanalyse Jacques Lacan ou la lettre lacanienne, une école de la psychanalyse, ont, en tant que telles, réagi par un refus radical de cet article 52, ainsi que l'ont fait, sous d'autres modalités, d'autres associations et de nombreux psychanalystes hors associations.

Parce qu'ils considèrent que la psychanalyse ne peut être ravalée au rang d'une psychothérapie parmi d'autres et que cette loi compromet l'avenir de l'expérience analytique telle que Freud, puis Lacan ont pu en établir les coordonnées, les auteurs du présent ouvrage, qui furent, avec quelques autres, à l'initiative du « Manifeste pour la psychanalyse[3] », ont souhaité faire la lumière sur le malaise dans lequel ils se trouvent plongés par l'action conjuguée de la législation et de la dispersion des analystes. Ils ont cherché à éclairer les raisons de ce malaise pour tenter d'en sortir.

C'est ainsi que nous en sommes venus à penser ce malaise dans la psychanalyse comme participant d'un troisième *moment* où la psychanalyse est mise en danger, succédant à un premier en 1926 avec l'affaire Theodor Reik, et un deuxième en 1956[4]. Ces *moments* sont des fictions au sens positif de Bentham, ils ne coïncident pas tant avec la réalité qu'ils ne donnent les outils symboliques pour s'y repérer et envisager l'avenir. C'est dans l'après-coup de ce troisième *moment* que nous repérons les deux premiers et les mettons en perspective. Ils ne correspondent pas à une périodisation et peuvent chacun se décomposer en plusieurs temps.

Le signe émergent, manifeste, de ce troisième *moment* est représenté par le vote de l'article 52. Contrairement à ce qui a pu se passer en 1926, c'est indirectement que la *pratique* analytique est menacée, comme conséquence de ce qui risque d'être dévoyé dans la *formation* des analystes. Pour devenir analyste il faut avoir fait soi-même une analyse. C'est une condition nécessaire mais non suffisante, qui constitue une particularité de la « formation » de l'analyste, par rapport aux formations professionnelles.

La question du pourquoi devenir analyste est au cœur de la formation de l'analyste et, loin d'avoir trouvé une réponse *a priori*, elle fait trou. Si bien que cette formation est moins appelée à répondre à la question qu'à la laisser vive pour chaque sujet. Étant donné la teneur analytique complexe de la question, on conçoit qu'un diplôme ou une décision juridique ne puisse pas se substituer à la réflexion avertie d'un collectif analytique sur la teneur de l'acte de devenir analyste. Or c'est précisément l'enjeu de ce que nous appelons troisième *moment* : celui du risque de ravaler l'acte analytique (au sens où cela désigne le passage à l'analyste) à un acte juridique et de méconnaître la nature du lien entre la cure et la culture.

La psychanalyse repose en effet sur un mode de penser topologique (avec par exemple le retour à l'extérieur de ce qui est refoulé en dedans) qui s'exerce aussi dans son rapport à la cité : le rapport de la psychanalyse dans la cité s'inscrit sur la même surface moebienne que celui de la cité dans la psychanalyse. C'est pourquoi un péril pour la psychanalyse en est aussi un pour la société, et c'est pour cela que des psychanalystes doivent aujourd'hui publiquement manifester pour la psychanalyse. L'état des lieux de la psychanalyse est sans doute assez largement ignoré du public tant il est déformé par les médias ; les politiques quant à eux, et même les mieux intentionnés, ne sont pas toujours perspicaces quand il s'agit de discerner dans toutes ses dimensions la portée civilisatrice de la psychanalyse.

1. Sigmund Freud-Max Eitingon, *Correspondance 1906-1939*, Paris, Hachette, 2009, p. 193-194.
2. À la date où ce manuscrit part en fabrication, les décrets d'application viennent finalement d'être promulgués. (www.legifrance.gouv.fr)
3. Cf. en annexe les textes du « Manifeste pour la psychanalyse » et de la pétition « Ni statut d'État ni Ordre ».
4. Cf. chap. premier, p. 14.

Chapitre premier. Des moments

Freud, puis Lacan, et quelques autres avec eux ont été les acteurs essentiels de l'histoire tumultueuse de la psychanalyse. Le but de ces infatigables protagonistes de querelles doctrinales mais aussi personnelles, combattants de véritables guerres institutionnelles aboutissant à des scissions le plus souvent dramatiques, aura sans cesse été la défense de la psychanalyse, sans concession et quels qu'aient pu en être les adversaires, étrangers à la psychanalyse ou issus du milieu psychanalytique.

Querelles, scissions, ruptures : sur cet horizon de turbulences, on peut avancer l'hypothèse que certaines périodes de cette histoire furent plus particulièrement cruciales pour l'avenir de la psychanalyse. Nous inspirant des travaux de J.G.A. Pocock, historien de la philosophie politique, nous qualifierons ces périodes de *moments* : à savoir, selon cet auteur qui forge ce concept à propos de l'œuvre de Machiavel, des temps durant lesquels une entité théorique ou institutionnelle, qui n'est ni éternelle ni *intemporelle*, est menacée de disparition[1]. Un *moment*, précise Pocock, ne peut être reconnu comme tel que par l'intervention théorique d'*un* dont le travail permet de nommer cette période, d'en faire un *moment* et de donner ainsi aux contemporains concernés les moyens de réaliser l'existence de ce danger, voire ceux d'y réagir.

La psychanalyse menacée de disparition? Cette idée peut sembler aller à l'encontre d'une croyance, fréquente chez les analystes, selon laquelle la psychanalyse ne pourrait pas cesser d'exister. Pourtant, ni Freud ni Lacan ne cultivèrent jamais l'illusion d'une psychanalyse éternelle. Plus sceptique que pessimiste, le premier écrit à Ludwig Binswanger, le 28 mai 1911: «En réalité il n'est rien dans la structure de l'homme qui le prédispose à s'occuper de psychanalyse[2].» Au soir de sa vie, il envisage, dans son *Abrégé de psychanalyse*, la possibilité que l'on apprenne à l'avenir « à agir directement, à l'aide de certaines substances chimiques, sur les quantités d'énergie et leur répartition dans l'appareil psychique[3] ».

Lacan, sceptique et volontiers provocateur, énonce en 1977, dans son séminaire *Le moment de conclure*, que « la psychanalyse est une pratique qui durera ce qu'elle durera, c'est une pratique de bavardage. Aucun bavardage n'est sans risque[4] ».

Dans cette perspective, il nous semble possible de repérer l'existence, au cours de l'histoire de la psychanalyse, c'est-à-dire depuis 1896 jusqu'au début du présent siècle, de deux *moments* au sens à l'instant défini. Nous nous interrogerons ensuite sur ce qu'il en est de la période que nous vivons actuellement. S'agit-il d'un troisième *moment*? Cela signifierait que la question de la survie de la psychanalyse est de nouveau clairement posée.

Sans doute, en chacun des *moments* considérés – et cela participe des attributs d'un *moment* –, le danger de disparition qui concerne l'objet menacé, connaissance, savoir ou institution, n'apparaît pas de manière explicite: il s'agit plutôt de démarches prenant la forme d'un processus de recouvrement, d'ensevelissement insidieux, silencieux pour l'essentiel, usant de tout ou partie de l'armature institutionnelle ou conceptuelle de l'objet visé pour mieux l'escamoter. Une république peut ainsi disparaître tout en gardant le nom, les aspects extérieurs, ou les titres ; ce fut le cas, dans un passé encore récent, du Brésil où la dictature militaire conserva l'appellation de République et parla de « Révolution nationale ». Un processus de nature identique peut se produire à propos d'un ensemble théorique et pratique comme la psychanalyse. Si le procédé est efficace, celle-ci risque de se trouver progressivement vidée de sa substance, de sa spécificité théorique, pour devenir une entité subordonnée à une autre : elle peut ainsi revêtir les caractéristiques d'un propos psychologique, livresque, à même de provoquer un assoupissement intellectuel, une baisse de vigilance théorique chez les principaux intéressés, les psychanalystes eux-mêmes, qui peuvent alors devenir leurs propres fossoyeurs.

1926, le corbeau et la chemise blanche

En 1926, Freud rédige *La question de l'analyse profane*[5], texte qu'il qualifiera lui-même, dans un *post-scriptum* écrit en 1935, de « travail de circonstance ». Cette date, 1926, et ce bref essai nous paraissent constituer la matérialité du premier des deux *moments* où la psychanalyse s'est trouvée en danger de disparition. On sait que ladite « circonstance » fut constituée par une plainte portée contre Theodor Reik qui, n'étant pas médecin, fut accusé d'avoir usurpé de cette qualité en prenant un patient en analyse, commettant de ce fait une infraction grave au regard de la loi autrichienne, fort sévère, Freud le souligne, à l'encontre des « charlatans ». On sait aussi que la plainte portée contre Reik n'eut pas de suite, vu la faiblesse de l'argumentation du plaignant. Freud précisait qu'il ne croyait pas que ce résultat heureux puisse être porté au crédit de son livre, ni que la décision du tribunal soit susceptible de faire jurisprudence.

Mais lorsqu'éclate à Vienne l'affaire Reik, la question de l'interdiction de l'exercice de la psychanalyse par des praticiens n'ayant pas le titre de médecin – autrement dit l'existence de l'analyse profane – est déjà d'actualité dans les rangs du mouvement psychanalytique qu'elle commence ainsi à diviser. Freud n'est évidemment pas sans connaître l'existence de ce clivage dont il évalue sans tarder le danger, affirmant dans son essai que la défense de la psychanalyse profane, bien que n'allant pas de soi pour la plupart de ses compagnons, à l'exception notoire de Sandor Ferenczi[6], est d'une « importance vitale » pour la psychanalyse.

C'est sur la toile de fond des événements qui eurent lieu en Europe au cours des deux premières décennies du XXe siècle qu'il faut resituer le débat sur l'analyse profane, pour en saisir les déterminants et les enjeux qui dépassent de beaucoup une simple affaire judiciaire. C'est ce que ne manque pas de faire Freud. Pour avoir pris la mesure de ces bouleversements, qu'il s'agisse de la Première Guerre mondiale ou de la révolution bolchevique, pour s'être rendu compte que la *Mitteleuropa* ne survivrait pas à cette tourmente et que Vienne allait perdre du même coup son rôle de ville carrefour de l'Europe, Freud fut aussi sensible à un événement qui caractérisa ce temps, à savoir l'intervention inédite, décisive pour l'issue de la guerre, de l'armée américaine sur le sol du Vieux Continent.

Événement lourd de conséquences pour un certain nombre de conceptions intellectuelles européennes et pour la théorie psychanalytique qui commençait d'en participer. L'implantation de la psychanalyse aux États-Unis ne se fit pas, c'est chose connue, sans difficultés : la correspondance entre Freud et Ernest Jones constitue sur cette question l'une des sources d'information les plus éloquentes[7]. Freud ne fut du reste pas dupe du succès qu'il connut lors de son voyage aux États-Unis en 1909. Ce succès même, cette apparente absence de résistance lui semblèrent porteurs d'une capacité d'ingestion de la psychanalyse par le *mode de pensée* américain, susceptible de provoquer bien plus qu'une déformation de son œuvre, une atteinte mortifère. Or c'est précisément aux États-Unis que surgit cette résistance à la psychanalyse qui consiste à en réserver l'exercice aux seuls médecins.

Dans ce contexte, l'incident Reik apparaît pour Freud comme l'occasion d'en découdre bien plus avec ses collègues américains qu'avec les instances judiciaires autrichiennes. C'est l'occasion pour lui de conduire le combat à *l'intérieur* du mouvement psychanalytique, ce qu'atteste le fait que la question soit mise à l'ordre du jour du congrès de l'International Psychoanalytical Association (IPA) qui se tient en 1927, et qu'elle fasse l'objet d'un débat préalable organisé par les revues officielles de cette même IPA, l'*International Journal* et la *Zeitschrift*[8]. Sans entrer dans le détail de ce débat[9], une divergence s'y manifeste entre d'un côté les analystes américains (dont Ernest Jones partage pour l'essentiel le point de vue) qui considèrent, au-delà des données juridiques circonstancielles – une loi venait d'être votée dans l'État de New York interdisant l'exercice de l'analyse par les non-médecins –, que la psychanalyse relève totalement du champ médical, et Freud de l'autre côté, pour qui l'analyse ne saurait dépendre d'instances institutionnelles et de savoirs extérieurs à elle-même, cette indépendance constituant la garantie de son développement théorique et de sa capacité de découverte. L'enjeu du débat est désormais clair : une subordination de la psychanalyse à la médecine lui porterait un coup fatal en touchant à la didactique, à la formation et au développement de la doctrine. Elle conduirait inéluctablement à faire des psychanalystes au mieux des médecins spécialisés, plus banalement des adjuvants des médecins, des *opérateurs* comme le soulignera plus tard Lacan.

L'intervention freudienne, par sa reconnaissance de l'importance vitale pour la psychanalyse de ce qui est en train de se passer, transforme la question *circonstancielle* en un *moment* au sens donné précédemment à ce terme.

Demeure alors une question. Comment nommer la nature de ce danger qui menace aussi gravement la psychanalyse dans le contexte que l'on vient d'évoquer ? Contre qui Freud est-il ainsi amené à prendre les armes ? Quel est cet au-delà de la circonstance constituée par l'incident Reik ? La réponse la plus immédiate, la plus évidente, celle qui s'est paresseusement imposée au fil des années, des lectures et plus encore des résumés de la question, désigne, nous venons de le noter, la médecine et les médecins mais aussi, et la chose tend, encore aujourd'hui à passer au second plan, un certain *mode de pensée*.

S'agissant de la médecine, de la formation qu'elle requiert et de la pratique médicale, Freud pose des thèses qui sont pour lui indiscutables. Il affirme que la question de savoir qui peut pratiquer la psychanalyse n'est pas une question de *diplôme* mais une question de *formation*. La formation médicale, dont il ne conteste en aucune manière le bien-fondé pour ce qui est de l'exercice de la médecine, lui apparaît comme inadéquate à l'exercice de la psychanalyse, lequel requiert une formation particulière en accord avec l'irréductible spécificité de la théorie psychanalytique. Si donc, insiste Freud, il peut arriver que l'on rencontre ici ou là des *charlatans* dans le champ de la psychanalyse, étant entendu qu'est « charlatan celui qui entreprend un traitement sans posséder les connaissances et les capacités requises », on peut « sans risques [...] affirmer que – pas uniquement dans les pays d'Europe [on devine ici l'allusion qui deviendra explicite par la suite] – ces charlatans sont pour l'essentiel des médecins. Ceux-ci pratiquent le plus souvent le traitement analytique sans l'avoir appris et sans le comprendre[10] ». L'analyse *profane* – c'est-à-dire, comme le souligne avec raison J.-B. Pontalis[11], l'analyse elle-même –, c'est donc l'analyse en tant qu'elle n'a aucun lien de subordination, juridique ou théorique, avec la médecine. Dans le même temps, Freud définit le *profane* au regard de la psychanalyse comme étant celui qui ne connaît rien de la psychanalyse et qui n'a reçu aucune formation en la matière. Freud martèle cela à son interlocuteur « impartial » : « Mais celui qui s'est soumis à un tel enseignement, qui a été lui-même analysé, qui a saisi de la psychologie de l'inconscient ce qui actuellement peut en être enseigné, qui est au courant de la science de la vie sexuelle et qui a acquis la technique délicate de la psychanalyse, art de l'interprétation, lutte contre les résistances et maniement du transfert, *celui-là n'est plus un profane dans le domaine de la psychanalyse*. Il est qualifié pour entreprendre le traitement de troubles névrotiques et pourra avec le temps réaliser là tout ce qu'on peut exiger de cette thérapeutique[12]. » Marteler est bien le terme adéquat puisque Freud réitère cette déclaration avec une énergie redoublée à chaque objection que lui fait son interlocuteur : « je mets l'accent sur l'exigence *selon laquelle personne ne doit pratiquer l'analyse sans en avoir acquis le droit par une formation déterminée*. Que cette personne soit ou non médecin me semble accessoire[13]. »

À bien considérer cette force avec laquelle Freud déploie son argumentation, on doit constater que s'il y a bien péril en la demeure, on ne peut se contenter de faire de la médecine le seul obstacle à la psychanalyse profane. À l'évidence, et plus d'un lecteur et commentateur[14] l'ont signalé, en mettant l'accent aussi bien sur ce qui fonde l'autonomie épistémologique de la psychanalyse, à savoir son objet, l'inconscient, que sur la question de la formation des psychanalystes comme enjeu de cette intervention, Freud vise, bien au-delà du monde médical qui ne constitue qu'une cible privilégiée du fait de sa proximité historique avec la psychanalyse, une « entité » dont Michel Schneider souligne qu'il n'est pas facile de la cerner tant elle est composite, tout à la fois d'essence religieuse, juridique, idéologique et politique[15].

Pour tenter de préciser un peu plus cette « entité », cet *au-delà de la médecine* dont on verra qu'il constitue une sorte de fil rouge conduisant au deuxième *moment* que nous voulons identifier mais aussi peut-être vers notre temps, il faut accompagner Freud aux confins de son essai et prendre connaissance de cette postface qu'il rédige après avoir entendu les diverses interventions qui constituèrent le débat auquel nous avons fait allusion. Freud, dans un premier temps, y paraît soucieux de trouver les termes d'un compromis qui permettrait à la psychanalyse de faire l'économie d'une guerre dont il sent bien qu'elle pourrait lui être fatale. Répétant que la question, bien plus que de savoir si l'analyste possède ou non un diplôme de médecin, est celle de la spécificité de sa formation, il réaffirme que cette formation ne saurait être celle « que l'Université prescrit au futur médecin ». Cette formation médicale, quels que soient ses apports et ses qualités, « charge » le futur analyste de « trop de choses qu'il ne pourra jamais mettre à profit, et elle entraîne le danger que son intérêt, comme son *mode de pensée*[16], soient détournés de l'appréhension des phénomènes psychiques[17] ».

Il y a donc pour Freud, par-delà la médecine comme telle, deux *modes de pensée* qui lui paraissent parfaitement antagonistes, irréconciliables : l'un qui sous-tend la démarche médicale et est véhiculé par elle, courant porteur d'une conception scientiste qui, pour avoir toujours été vivace, retrouve en ce début de XXIe siècle une nouvelle jeunesse ; l'autre, qui pour être repérable dans certaines conceptions philosophiques est d'abord propre à l'approche des phénomènes relevant de l'inconscient, c'est-à-dire le positionnement intellectuel et psychique que supposent la psychanalyse, ses conceptions théoriques et sa pratique. Ne pas respecter la différence entre ces deux modalités d'approche de la vie psychique, cela revient à se laisser guider par le souci soit d'une inscription de la pratique analytique dans une autre perspective que la sienne propre, une perspective thérapeutique, celle d'une *guérison* des maux psychiques auxquels elle est confrontée comme si lesdits maux étaient assimilables à des atteintes organiques ou physiologiques, soit d'une insertion de la psychanalyse dans une perspective académique, une psychanalyse alors conçue comme un pur *corpus* théorique détaché de la clinique et qui pourrait s'articuler sans autre forme de procès avec d'autres disciplines, histoire, sociologie ou même philosophie. Si Freud ne nie pas l'existence de cet aspect qui constitue à ses yeux le versant *appliqué* de l'analyse, il insiste fortement pour que ce versant, thérapeutique ou non, ne tue pas le registre théorique noué à une clinique psychanalytique.

Et en ce point, le ton change, la recherche d'un compromis est pour ainsi dire abandonnée et Freud nomme délibérément ses adversaires, ceux de la psychanalyse : ce sont, écrit-il, « nos confrères américains » qui, en refusant l'analyse profane, refusent en fait une forme de pensée qui est constitutive de la psychanalyse, un mode de pensée que la formation médicale empêche de se développer. Et là, il faut réinsérer, lire donc ces fameuses trois pages du manuscrit déjà évoquées, trois pages « censurées » par Freud lui-même sur l'insistance d'Ernest Jones et de Max Eitingon – censurées mais pas biffées dans le manuscrit, comme le précise Ilse Grubrich-Simitis[18] –, trois pages dans lesquelles Freud répond à la question de savoir pourquoi cette résistance est principalement le fait des « confrères américains ». Parmi ces raisons, Freud discerne le goût de l'éclectisme, le primat accordé aux « besoins pratiques » et à la recherche de leur satisfaction la plus prompte, exigence qui marie ces dimensions que sont l'efficacité, la rentabilité et la rapidité, autant de « besoins » dont il souligne qu'ils appellent une idéologie qui leur corresponde. Mais plus que tout, ou plus exactement subsumant ce tout d'un *mode de pensée* qui ne peut aller que vers un rejet de l'analyse, il y a la question du niveau de la « culture générale » – Lacan disait qu'il fallait « refuser le discours psychanalytique aux canailles », précisant que c'était « sûrement là ce que Freud déguisait d'un prétendu critérium de culture[19] » – et celui de la « réceptivité intellectuelle » dont il affirme qu'ils se situent, aux États-Unis, à un niveau « bien plus bas qu'en Europe ».

Ainsi, Freud pointe cette idéologie enserrant et soustendant la médecine, que l'on peut qualifier de *technoscientiste* et que l'on appellera par la suite l'*American way of life*, comme constituant le roc sur lequel la psychanalyse ne peut que venir se briser, le *mode de pensée* avec lequel aucun compromis n'est pensable sauf à céder sur ce qui constitue l'essentiel, l'inconscient et le système pulsionnel. De fait, l'opposition américaine à l'analyse profane ne tardera pas à s'étendre à la pulsion de mort que Freud avait découverte en 1920, ce qui montre bien que par le biais d'un rejet de l'analyse profane il en allait effectivement d'un rejet de la psychanalyse comme telle.

On pourrait penser que Freud est excessif, seulement guidé par l'agacement ressenti lors de ce débat dont il n'est pas sans savoir, même s'il s'en défend, qu'il se soldera par une défaite de sa position, issue qu'il ne pardonnera jamais complètement à Ernest Jones. Mais précisément, qu'il s'agisse des échanges épistolaires avec ce même Jones, avec Karl Abraham ou avec Ferenczi, selon des modalités tour à tour ironiques, violentes ou affligées en fonction de l'interlocuteur, Freud ne cessera jamais de critiquer l'attitude américaine, de vitupérer contre cette domination de l'argent – méchamment il parlera, dans une lettre à Pfister, de *Dollaria* pour désigner les États-Unis[20] –, discernant constamment dans « l'État actuel de la culture en Amérique[21] » l'un des dangers les plus pernicieux pour la psychanalyse.

Fritz Wittels, que bien des motifs opposèrent à Freud – qu'il s'agisse de la biographie du maître viennois qu'il avait tenu à écrire contre l'avis de l'intéressé ou de la rivalité dans laquelle il inscrivit, comme en miroir, Freud et Karl Kraus – vient confirmer que cette attitude freudienne, attitude constante, à l'égard de la mentalité américaine n'est en fait que le résultat d'une rare lucidité politique que notre contemporanéité est bien loin d'invalider[22].

En 1928, Wittels est invité aux États-Unis pour y donner des conférences. Freud, au vu de la situation économique en Europe, l'encourage dans cette idée. Le projet s'étant confirmé, Wittels en informe Freud qui lui répond en date du 11 juillet 1928 pour le féliciter d'échapper ainsi au « paupérisme viennois », mais aussi pour le mettre en garde de la manière la plus ferme, notamment à propos de l'analyse profane, dont il lui précise qu'il s'agit d'une question qui « ne peut pas être menée à bien en Amérique ». Puis, parlant des Américains, il écrit, toujours aussi déterminé : « Ces primitifs ont peu d'intérêt pour une science qui n'est pas directement convertible en une pratique. Ce qu'il y a de pire dans la manière de faire américaine, c'est leur soi-disant largeur d'esprit grâce à laquelle ils vont jusqu'à se sentir magnanimes et supérieurs à nous, Européens aux vues étroites; ce n'est en fait, bien sûr, qu'une dissimulation commode de leur total manque de jugement. Ils concoctent – d'une manière qui relève presque de tendances inconscientes – un compromis ou un mélange d'analyse, de mysticisme jungien et d'adlérianisme, ce qui est naturellement un non-sens honteux méritant bien votre dérision. Cet exploit leur est rendu plus facile du fait qu'ils n'ont autant dire rien lu des publications originales, n'ayant ni le temps ni le désir de le faire [23]. » En 1940, dans la suite de ses *Mémoires*, Fritz Wittels évaluera ce qu'il en est alors de l'œuvre freudienne en Amérique et il se risquera à exprimer quelques craintes, désignant *la psychologie* comme la force antagoniste principale de l'analyse, une psychologie tout entière ancrée dans l'empirisme et le positivisme, dominée par les exigences de mesure et de pesée, par la mise en avant des chiffres et des statistiques. Cet examen de la situation de la psychanalyse aux États-Unis se concluait par cette belle phrase: «Il me semble que c'est comme si Freud avait prévu que ses disciples immédiats, drapés dans les tirades des réformateurs progressistes, des conciliateurs et des carriéristes ambitieux, essaieraient de détruire son système. Mais des prophètes réapparaîtront[24]... » On sait que sur ce point Wittels aura vu juste, qu'au moins un «prophète» se manifestera, en 1956 notamment, pour de nouveau tirer la sonnette d'alarme et annoncer l'imminence d'un danger de mort pour la psychanalyse. Un « prophète» qui demeurera guidé par cette conviction exprimée par Freud en septembre 1928 dans une autre courte missive à Wittels: «Assurément, l'Américain et la psychanalyse, cela s'accorde souvent si peu ensemble que cela rappelle la comparaison de Grabbe: c'est comme si un corbeau "mettait une chemise blanche"[25]. »

C'est peu dire que de rappeler que de la chemise blanche il ne reste aujourd'hui aux États-Unis que des lambeaux. La « peste », si l'on peut reprendre cette image apocryphe, puisque aussi bien l'on sait désormais[26] que la célèbre phrase ne fut sans doute jamais prononcée par Freud, la peste donc, ou plutôt un sous-produit, fut bien fabriqué aux États-Unis et renvoyé au supposé expéditeur. Les premiers effets en France de ce produit *made in USA* commencèrent de se manifester massivement au début des années 1950, déclenchant dans le même temps un mouvement qui entendait y faire obstacle. C'est ce deuxième *moment* que l'on veut à présent évoquer.

1956, le temps venu de l'«Ego-psychology», l'urgence d'un « retour à Freud»

Achevant son examen de la « Situation de la psychanalyse et [de la] formation du psychanalyste en 1956», Lacan, au constat du développement florissant de la psychanalyse à l'américaine, envisageait ironiquement le danger que pouvait constituer cette excroissance, dont il notait le caractère sans cesse plus extraterritorial. Il préconisait alors, sur le même registre ironique, une solution aisée à obtenir sous la forme d'« un petit territoire à la mesure des États philatéliques (Ellis Island pour fixer les idées)[27] qui pouvait être cédé par un vote du Congrès des USA pour que l'IPA y installe ses services[28]... » Trente ans après que Freud se fut battu contre l'annexion de la psychanalyse par la médecine – annexion facilitée, on l'a vu, par les pouvoirs publics américains, ceux de l'État de New York en particulier –, Lacan, désireux de combattre les « charlatans», souligne ce qui nous semble bien participer de l'émergence d'un *moment*, à savoir la conjugaison d'un *mode de pensée* organiquement hostile à toute forme de prise en compte de l'inconscient avec une intervention étatique garante d'une formation des psychanalystes ne heurtant en rien la logique économique et politique du capitalisme. On peut donc le noter, mode de pensée et intervention des pouvoirs publics, notamment sur le point de la formation des analystes, constituent les caractéristiques communes à ces *moments* que nous pensons pouvoir discerner.

Trente ans donc, et le prophète annoncé par Franz Wittels commence alors à se manifester pour reprendre la lutte contre un adversaire devenu dominant[29]. Que ce soit précisément Jones qui l'ait bâillonné, en 1936 à Marienbad, alors qu'il fait ses timides premiers pas sur la scène internationale, sans doute s'agit-il là de l'une de ces grimaces dont l'histoire est coutumière.

Si Lacan en ces années cinquante peut se sentir aussi seul que le fut Freud en 1926, c'est d'abord au constat qu'une certaine résistance européenne à la montée en puissance des conceptions américaines, les résistances viennoise et hongroise principalement, s'était réduite comme peau de chagrin depuis la mort de Freud. Autrement dit, Lacan discerne vite ce que Freud avait parfaitement identifié, un renversement qui faisait des analystes, de nombre d'entre eux, les fossoyeurs de la psychanalyse – renversement qui n'avait fait que croître et embellir. Autrement dit encore, l'adversité extérieure à la psychanalyse continuait plus que jamais de trouver dans les rangs des psychanalystes des relais, au point qu'il n'était pas exagéré d'évoquer à ce sujet le sort réservé aux habitants de l'antique Troie qui avaient fait entrer dans leur cité le cheval porteur de leur destruction. En introduisant dans leurs théorisations et dans leur pratique le *mode de pensée* tant contesté par Freud, croyant ainsi les moderniser et les rendre accessibles au plus grand nombre, les psychanalystes, américains surtout mais pas seulement, avaient produit une caricature de psychanalyse devenue à ce point dominante qu'elle pouvait donner à penser qu'elle était *la* psychanalyse.

Tout comme Freud, qui avait su reconnaître les déterminants historiques du péril que constituait pour la psychanalyse le refus américain de l'analyse profane – la fin de la *Mitteleuropa* consécutive à la Première Guerre mondiale –, Lacan ne manque pas de dresser la fresque de ces événements qui, pour avoir été pressentis par Freud, se déployèrent après sa mort. La Seconde Guerre mondiale, son cortège d'horreurs et le bouleversement du monde qui s'en est suivi : « Tocsin de la haine et tumulte de la discorde, souffle panique de la guerre, c'est sur leurs battements que nous parvint la voix de Freud, pendant que nous voyions passer la diaspora de ceux qui en étaient les porteurs et que la persécution ne visait pas par hasard[30]. » Et Lacan désigne ce qu'il en fut de la destination de cette émigration : à savoir un monde où l'histoire n'est rien moins que « niée en une volonté catégorique qui donne leur style aux entreprises : anhistorisme de culture propre aux États-Unis de l'Amérique du Nord[31] ». La bonne intégration dans ce « nouveau monde » de ceux que le nazisme avait fait fuir faute d'avoir pu les exterminer avait donc un prix, l'effacement des principes de la doctrine freudienne, le changement de *mode de pensée*, la substitution de la dualité entre « celui qui souffre et [de] celui qui guérit » par l'opposition « de celui qui sait à celui qui ignore[32] ». La relation transférentielle, pierre d'angle de la pratique psychanalytique, se trouvait ainsi plus que transformée, pervertie par une caricature, celle d'une relation maître-élève fondée sur la connaissance et la maîtrise d'un et sur la passivité de l'autre, fondements d'une institution hiérarchisée dans laquelle le grade constitue la pierre de touche de l'édifice. Lacan souligne là le recouvrement de la conception freudienne du lien social par une conception empirique qui parle de « relation sociale » ou d'« interaction » entre deux individus. Freud, notamment dans son essai *Psychologie des masses et analyse du moi*, met en avant l'inanité de la différence entre psychologie individuelle et psychologie sociale, faisant valoir qu'il y a toujours un « autre » – modèle, objet, rival – dans la vie psychique de l'individu. Mais dans cette critique de la conception psychologiste du lien social, ignorante de l'apport freudien, on peut aussi lire les prémisses du dépassement de la conception freudienne opéré par Lacan. Ce n'est plus de l'« autre » comme image ou objet intériorisé par le sujet qu'il sera question, mais de l'« Autre » comme instance tierce, comme forme, lieu de détermination inconsciente.

À la différence de Freud qui s'était saisi de la question de l'analyse profane pour faire apparaître que, au-delà de l'aspect technique de ladite question, c'était la psychanalyse tout entière qui était en danger, Lacan prend pour point de départ la « situation de la psychanalyse » en ces années cinquante pour analyser des aspects techniques porteurs du danger dont il n'hésite pas longtemps à discerner l'agent : moins la médecine que la psychologie, notamment sous la forme de ce courant pseudo-théorique, le behaviourisme, dont il souligne que, conjointement à l'anhistorisme spécifique de la « culture propre aux États-Unis du Nord », il a désormais « coiffé *dans*[33] la psychanalyse l'inspiration freudienne[34] ». Pour désigner cette *situation* dans laquelle il trouve la psychanalyse au sortir de la Seconde Guerre mondiale, pour « produire » ce *moment*, Lacan intervient au moyen d'un grand nombre de textes d'importance inégale mais toujours parfaitement ajustés aux cibles visées[35].

Si pour être reconnu un *moment* doit être théorisé par *Un*, doit être nommé afin de pouvoir être décrypté, lu, discuté et pris en considération par les autres aux fins d'en combattre les périls, Lacan se montre à la hauteur de cette sorte de cahier des charges. Il va en effet nommer ce *moment* dans le temps où il l'identifie, le subsumer au moyen d'un terme, un *signifiant* à même d'indiquer le possible dépassement du piège menaçant. Pour cela, Lacan effectue une manœuvre que l'on peut dire stratégique : bien loin de rejeter l'enseignement freudien en l'assimilant à la caricature psychologisante qui en est alors offerte, il repère qu'il ne s'agit là que d'un masquage de cet enseignement demeuré intact, seulement à *re*découvrir. Il y a eu tentative d'ensevelissement de cet enseignement et il lui faut prendre à la lettre cette sorte de détournement pour être en mesure de nommer sa démarche, à savoir un *retour* à Freud qui va prendre les allures d'une sorte de campagne de fouilles, au sens archéologique de ce terme cher à Freud, fouilles impliquant que soient *retournées* ces couches sédimentées qui recouvrent ce qu'il cherche, que soit déterré ce texte freudien, que soient étalées au grand jour les déformations qu'il a subies et que puisse être déchiffré ligne à ligne, dans sa version première, dans sa langue originale, cet enseignement.

Désireux de clarifier le sens de son entreprise et de lever les possibles ambiguïtés auxquelles ce signifiant retour pouvait donner lieu, Lacan précisera, quelque dix années plus tard, l'emploi qu'il en fait dans un texte portant ce titre indicateur d'une démarche déjà rétrospective, *D'un dessein* : « On voit donc que le mot d'ordre dont nous nous sommes armés du retour à Freud n'a rien à faire avec le retour aux sources qui pourrait aussi bien ici comme ailleurs ne signifier qu'une régression[36]. » De fait, bien loin d'un mouvement régressif, ce retour maintes fois réaffirmé comme la pure et simple reprise de ce qu'a dit Freud est en fait l'occasion pour Lacan d'avancer sa propre conceptualisation sur la base des concepts freudiens qu'il s'attelle à déterrer. *Retour*, remise à jour mais aussi avancées, dépassement, voire *coupure*[37] d'avec le texte freudien, autant d'opérations pas toujours annoncées comme telles qui rendent parfois complexe la lecture de ce *retour à Freud*.

Pour effectuer cette refonte tout en s'efforçant de donner le sentiment qu'il demeurait au plus près du texte freudien, Lacan usera de toutes les disciplines ayant selon lui quelque affinité avec la psychanalyse ou susceptibles de l'enrichir, et cela non dans une perspective d'*application* mais littéralement pour s'en servir, pour tenter de donner une écoute plus vraie des processus inconscients, pour en épurer l'approche de toute trace de psychologie. Emprunts donc mais non placages, plutôt torsions, transformations – et cela n'alla pas sans polémiques de toutes sortes – desdits emprunts aux fins de refondre chacune des dimensions constitutives de la théorie psychanalytique. De ces « voyages » dans la philosophie, hégélienne puis heideggérienne, dans la linguistique saussurienne puis jakobsonienne, dans l'ethnologie structuraliste lévi-straussienne, dans la logique mathématique puis dans la topologie, Lacan revenait toujours chargé de valises dont il extrayait, non sans les avoir préalablement soumis à des examens minutieux, de quoi féconder un enseignement qui se trouvait du même coup, de séances de séminaires en séances de séminaires, sans arrêt remanié et développé.

Dans le temps même de ce remaniement théorique dont on connaît les axiomes fondateurs – l'inconscient structuré comme un langage, le signifiant représentant le sujet pour un autre signifiant, l'inconscient comme discours de l'*Autre* –, Lacan considérait que la transformation de la psychanalyse freudienne en une *Ego-psychology* ne concernait pas seulement la théorie mais aussi bien la formation des analystes et donc les modalités d'organisation et de fonctionnement des institutions dans lesquelles ils se regroupaient, qui étaient en parfaite adéquation avec cet ersatz de psychanalyse et contribuaient à sa reproduction. Au-delà de la description critique teintée d'une ironie mordante qu'il fera de cette véritable centrale institutionnelle de la psychanalyse qu'était devenue l'IPA, Lacan demeure guidé par l'idée que les deux aspects de ce dévoiement de la psychanalyse, le théorique et l'institutionnel, étaient noués au point que la formation des analystes était devenue « un formalisme décevant qui décourage l'initiative en pénalisant le risque et qui fait du règne de l'opinion des doctes le principe d'une prudence docile où l'authenticité de la recherche s'émousse avant de se tarir[38]. »

Avec d'autres analystes, pour beaucoup des jeunes qui se heurtent aux critères bureaucratiques de la Société parisienne de psychanalyse (SPP) censés régir leur formation d'analystes, Lacan est conduit à quitter cette association qui était – elle l'est toujours – une composante de l'IPA. Ce sera la première scission du mouvement psychanalytique français, celle de 1953. Ce faisant, les partants ne semblent pas avoir réalisé qu'ils s'excluaient *de facto* de l'IPA ; oubli, acte manqué dont les effets se manifesteront quelque dix années plus tard. À la suite de cette première scission, Lacan participe avec les mêmes à la fondation de la Société française de psychanalyse (SFP), au sein de laquelle il s'oppose très vite à ce produit hybride, émanation de cette culture américaine importée et façonnée en France privilégiant la dimension quantitative de ces sciences humaines qu'il n'aura de cesse de combattre, à savoir le projet d'une « Unité de la psychologie » porté par Daniel Lagache[39].

Ce projet n'est en fait qu'une sorte d'alliance à visée fusionnelle, à tout le moins coexistentielle, entre d'une part une démarche dite « clinique » qui ne laissait à la psychanalyse qu'une place de strapontin[40], et d'autre part la psychologie expérimentale d'inspiration behaviouriste. Face à ce projet, Lacan discerne une résistance dans le meilleur des cas, et plus généralement un rejet délibéré des structures du langage dont il s'efforce alors de faire valoir qu'elles sont l'essence même de l'inconscient.

Ce produit hybride que Daniel Lagache voulait promouvoir se serait accommodé d'une structure institutionnelle tout entière fondée sur une conception professionnelle et corporatiste de la psychanalyse, celle qu'était devenue cette IPA fondée par Freud en 1910 dans un but opposé. Lacan discerne que pour contrecarrer cette double dérive, théorique et institutionnelle, qui a commencé d'étouffer la découverte freudienne, il faut « remonter aux causes de cette détérioration », concevoir une institution autre, à même d'assurer une formation du psychanalyste qui soit de part en part analytique dans son contenu comme dans sa forme[41]. En d'autres termes il est temps, il est « légitime d'appliquer la méthode psychanalytique à la collectivité[42] » qui soutient cette démarche de refonte théorique par lui entreprise. L'institution IPA, écrit encore Lacan, « rendait inévitable le refoulement qui s'est produit de la vérité », celle dont les concepts freudiens étaient porteurs. Elle est à l'origine de « l'extraordinaire cacophonie que constituent actuellement les discours de sourds auxquels se livrent à l'intérieur d'une même institution des groupes, et à l'intérieur des groupes des individus, qui ne s'entendent pas entre eux sur le sens d'un seul des termes qu'ils appliquent religieusement à la communication comme à la direction de leur expérience[43] »...

Lacan se confronte donc à cette idée tenace et novatrice que Solal Rabinovitch[44] rappelle en se référant à l'un de ses textes les plus célèbres[45] où il fait état de «son entreprise désespérée parce que impossible, [celle] de faire une école sans groupe, c'est-à-dire une école qui ne dépende que des liens du discours analytique[46]».

Cela allait se faire néanmoins lorsque au cours de l'année 1963 la SFP, désireuse de réparer l'oubli de son exclusion *de facto* de l'IPA, demanda à réintégrer cette internationale. Reconnaissance *a contrario* des avancées lacaniennes et de l'hostilité de leur initiateur vis-à-vis des normes et du *mode de pensée* dominant de l'IPA, celle-ci refusa à Lacan sa reconnaissance comme didacticien, ce qui revenait à invalider sa pratique et la théorie qui la sous-tendait. Ce sera la deuxième scission du mouvement psychanalytique français, conduisant Lacan à fonder en 1964 l'École freudienne de psychanalyse (EFP), qui se fixera entre autres objectifs de constituer ce type de regroupement ne dépendant que « des liens du discours analytique», moyennant un certain nombre d'innovations qui deviendront à leur tour les caractéristiques de tout regroupement d'analystes se réclamant de l'enseignement de Lacan. Ce fut le début d'une sorte d'âge d'or, celui de la publication des *Écrits*, celui aussi d'une audience allant bien audelà des frontières de l'Hexagone. Le combat semblait gagné mais Lacan n'était pas sans savoir que la guerre ne faisait alors que *re*commencer.

2004 et après, le moment contemporain?

Que se passe-t-il au cours de cette année 2004, et peut-être même dans les quelques années qui précèdent, pour la psychanalyse? Celle-ci court-elle un danger mortel, comme ceux qu'elle connut en 1926 et en 1956? Sommes-nous dans ce qu'à la suite de Pocock nous avons appelé un *moment*? Si la réponse devait être positive, il y a fort à parier qu'il ne s'agirait pas, pas plus que dans les deux précédentes occurrences, d'un risque de disparition brutale par le biais d'on ne sait quel décret ou interdiction faite aux psychanalystes d'exercer, mais plutôt d'un danger d'étouffement insidieux, d'édulcoration silencieuse capable de transformer lentement mais sûrement la psychanalyse en une forme de psychothérapie parmi d'autres, par le biais d'une psychologisation que l'on pourrait dire « douce » bien que ses postulats initiaux relèvent d'une optique de dressage. En somme, une psychanalyse domestiquée ? Il y a lieu de se demander si ce stade n'est pas aujourd'hui en voie d'être dépassé et si la question n'est pas désormais celle de l'éradication discrète de la psychanalyse, suite logique de celle, en cours, de la psychiatrie[47].

Le seul glissement vers une inscription de la psychanalyse dans l'ordre des psychothérapies, glissement qui aboutirait à sa disparition à terme, pourrait illusoirement présenter, pour ceux des psychanalystes qui y participeraient, l'avantage de constituer un rempart contre les attaques en provenance des formations scientistes[48] qui se réclament des développements accélérés des neurosciences. En effet, dans la mesure où cette psychanalyse *new look* présenterait une moindre « rigidité » théorique et pratique, accepterait de se marier sans sourcilier avec la démarche psychothérapique – ne parle-t-on pas dans certains milieux psychanalytiques de « psychothérapie analytique[49] » ? –, elle serait susceptible de se banaliser et partant de recueillir une plus large adhésion du « public ». Quelle que puisse être la cécité de plus d'un analyste à ce sujet, il devrait néanmoins être clair qu'au terme de la loi réglementant l'exercice des psychothérapies c'est la psychanalyse qui en fera les frais, en y perdant son autonomie au regard des pouvoirs publics et, partant, sa spécificité.

Le manque de recul historique, l'absence de textes susceptibles de faire date, celle aussi bien d'un auteur qui aurait nommé et théorisé le temps présent pour en faire un *moment*, autant de facteurs qui interdisent de statuer de manière définitive sur la nature de l'époque que nous vivons et encore moins de faire de quelconques pronostics sur ce dont elle serait porteuse. Pourtant on peut affirmer qu'un danger existe, que l'inquiétude se développe concernant la psychanalyse et son devenir en France, que cette incertitude n'a fait que croître à la suite notamment du vote de cette loi à l'instant évoquée.

Outre ce danger en provenance des pouvoirs publics, d'autres existent, et notamment le développement de conceptions du fonctionnement psychique parfaitement opposées à celle inhérente à la démarche psychanalytique, annonçant bruyamment qu'il faut adapter l'approche psychanalytique aux nouveaux modes d'être, aux nouvelles psychopathologies et finalement aux nouveaux sujets. Ces démarches, qu'elles se réclament ou non de Lacan, ont plus ou moins explicitement partie liée avec cette dérive qui consiste à édulcorer la psychanalyse jusqu'à l'assimiler à une psychothérapie. Il faut aussi prendre en compte la sorte d'atonie qui règne chez les psychanalystes, dont la légendaire allergie à l'égard de toute forme de pratique politique, ainsi que les divisions théoriques et institutionnelles, ne facilitent pas une riposte à même de lier la dimension politique du combat à mener avec une position demeurant *analytique*. C'est ce double danger et la possibilité qu'il ouvre de reconnaître dans le temps que nous vivons un *moment* comparable à ceux que nous avons identifiés qu'il faut tenter de cerner plus précisément.

En 1926 et en 1956, dans des conjonctures historiques différentes, Freud et Lacan se sont heurtés aux manifestations d'un *mode de pensée*, d'origine très largement américaine, à même de ravaler la psychanalyse pour mieux l'avaler. Si ce mode de pensée s'est développé en France au point d'y créer les conditions d'une transformation stérilisante de la psychanalyse, il semble que la refondation lacanienne ait constitué un coup d'arrêt face à cette emprise de la pensée empiriste et instrumentale. Il y eut là, à n'en pas douter, comme un temps de répit dont la caractéristique, par-delà les contradictions qui s'y manifestèrent, fut de privilégier des formes de pensée qualitative au détriment des visions strictement quantitatives.

Mais passé ce temps de répit, les lois du marché redevinrent dominantes. Le capitalisme se mit alors à croître de manière surdimensionnée sous la forme de ce qui a été appelé tour à tour la *mondialisation,* puis la *globalisation,* et qu'il semble plus rigoureux d'appeler à présent le *néolibéralisme*[50].

En 1980, un an avant sa mort, Jacques Lacan prononça la dissolution de *son* école, cette école qu'il avait souhaité être *analytique* de part en part. On parlera plus loin des conditions de cette dissolution[51], mais il faut rappeler ce point essentiel, à savoir que cette dissolution demeure à entendre, bien au-delà de la marque d'un échec, comme un *acte analytique.* L'éclatement et la dispersion du mouvement lacanien qui fit suite est à considérer bien autrement que s'il s'agissait de ce processus de *panique* dont Freud considère qu'il s'instaure quasi automatiquement lorsque vient à disparaître l'élément *maître* d'un collectif organisé. Ce point implique que la réflexion théorique dépasse cette conception freudienne du collectif, du social et finalement de la dimension politique. Si la dissolution de l'EFP par son fondateur est bien un acte analytique *et* politique, cela signifie que, malgré ses manques et ses défauts, l'EFP a été autre chose qu'un seul *rassemblement d'analystes* régi par des procédures réglementaires et administratives. Que la dissolution de l'EFP soit encore aujourd'hui pensée comme une décision arbitraire de Lacan à mettre sur le compte de son âge et, pourquoi pas, de sa psychologie, comme un simple événement institutionnel, voire politique, chargé pour certains de nostalgie ou d'amertume, c'est là une donnée attestable qui se traduit par le fait qu'une grande majorité des regroupements d'analystes lacaniens peine précisément à dépasser ce stade du regroupement associatif ou à ne pas y revenir. Les psychanalystes paraissent aujourd'hui en butte aussi bien à des difficultés intérieures, qu'il s'agisse de leur travail théorique ou de leurs rapports entre eux, entre leurs institutions, leurs revues, qu'à des difficultés liées à leurs relations avec l'extérieur – relations éventuellement conflictuelles avec les pouvoirs publics ou ce qu'il est convenu d'appeler les médias, ces dernières relations supposant que soit mise en jeu une pensée à la fois analytique *et* politique.

Il faudrait développer une même approche critique de ce qui advient aujourd'hui dans les rangs des analystes lacaniens s'agissant de la formation, dont nous avons déjà souligné l'importance, pour le « devenir » analyste et de ce qu'implique le recours à la procédure de la passe[52]. Aujourd'hui, en ce qui concerne cette procédure de la passe, de l'explicitation, à chaque fois singulière, par un analysant, de ce qui l'a conduit à désirer devenir analyste, il y a d'abord lieu de distinguer entre ceux des collectifs lacaniens qui ne l'ont pas inscrite dans leurs pratiques et ceux qui, l'ayant conservée, se heurtent à des difficultés portant sur sa fonction, sa relation conceptuelle et pratique avec la question de la fin de l'analyse, mais aussi sur ce qui fait suite à la passe elle-même, à savoir une nomination – ou pas – et le sens que peut avoir cette nomination ou son absence : qu'en est-il des effets de cette nomination, et notamment du glissement qui consiste à l'entendre comme l'accession à une sorte de grade ouvrant à des fonctions institutionnelles au sein du collectif considéré ?

Un autre problème se pose, à l'origine de malentendus porteurs eux aussi d'une dérive institutionnelle et psychologisante de la psychanalyse : le problème de la psychanalyse à l'université. Sur ce point, la question est moins celle de son inscription dans une lutte frontale contre la psychologie cognitive et ses succédanés au sein de l'université que celle de son existence comme telle, de sa présence dans l'enseignement universitaire sous le signifiant *psychanalyse*, clairement distingué de *psychopathologie* ou de *psychologie clinique*. La présence de la psychanalyse comme telle dans l'université, revendiquée tant par Freud que par Lacan – Ferenczi fut de ce point de vue un pionnier durant le bref espace de libertés que fut la Commune de Budapest –, devrait être le fait des associations et écoles de psychanalyse guidées par le souci de maintenir le tranchant et la spécificité de la psychanalyse, qui se soutiennent avant tout de la cure. Cette présence *vraie*, analytique, impliquerait à tout le moins de n'être ni assurée ni inscrite dans des cadres définis par des titres et des diplômes quels qu'ils soient.

La psychanalyse n'est pas, ne sera jamais une *conception du monde*, Freud s'en est clairement expliqué[53]. Elle n'est pas plus une religion ou une philosophie. Elle ne peut s'accommoder d'aucune forme d'instrumentalité ni se soumettre à un quelconque utilitarisme. Elle n'est thérapeutique, Freud et Lacan y ont amplement insisté, qu'accessoirement, *de surcroît* dira Lacan. Extérieure à toutes ces perspectives, la psychanalyse est une *éthique* de vie : quiconque s'y soumet comme analysant puis éventuellement comme analyste s'inscrit dans un rapport aux autres et au monde qui n'est réductible à aucun autre : « Il est tout de même frappant, énonce Lacan en ouverture de son séminaire *L'éthique de la psychanalyse*, qu'aussi bien par les moyens que nous employons que par les ressorts théoriques que nous mettons au premier plan, l'éthique de la psychanalyse – car il y en a une – comporte l'effacement, la mise à l'ombre, le recul, voire l'absence d'une dimension dont il suffit de dire le terme pour apercevoir ce qui nous sépare de toute l'articulation éthique avant nous – c'est l'habitude, la bonne ou la mauvaise habitude[54]. »

1. John Greville Agard Pocock, *Le moment machiavélien* (1975), Paris, PUF, 1997.
2. Sigmund Freud-Ludwig Binswanger, *Correspondance 1908-1938*, Paris, Calmann-Lévy, 1995.
3. Sigmund Freud, *Abrégé de psychanalyse* (1946), Paris, PUF, 1978.
4. Jacques Lacan, *Le moment de conclure*, 15 novembre 1977, inédit, cité par Erik Porge in *Des fondements de la clinique psychanalytique*, Ramonville-Saint-Agne, Érès, 2008.
5. Sigmund Freud, *La question de l'analyse profane* (1926), Paris, Gallimard, 1985. C'est à cette édition, qui contient un *Avant-propos* de J.-B. Pontalis et un appendice de Michel Schneider intitulé « La "Question" en débat », que nous nous référons dans le cours de ce texte, à l'exception de la postface et du *post-scriptum* de Freud, écrit en 1935, que nous lisons dans l'édition des *Œuvres complètes*, volume XVIII, Paris, PUF, 1994, édition qui contient, outre ce *post-scriptum*, les fameuses trois pages de cette postface retrouvées par Ilse Grubrich-Simitis, trois pages que Freud, sur les conseils d'Ernest Jones et de Max Eitingon, avait soustraites à la publication, trois pages, et non trois phrases comme le prétendit Jones, dans lesquelles la démarche américaine en matière de psychanalyse et au-delà est vertement mis en cause. Cf. *infra* pour ce qui est de l'importance de ce point.
6. Auquel il écrira à ce propos, le 22 avril 1928, soit deux ans après son intervention : « Le développement interne de la ΨA va partout, à l'encontre de mes intentions, s'écartant de l'analyse profane vers une spécialité purement médicale, ce que je considère comme néfaste pour l'avenir de l'analyse. En fait je ne suis sûr *que* de vous, à savoir que vous partagez sans réserves mon point de vue. » Sigmund Freud Sándor Ferenczi, *Correspondance 1920-1933. Les années douloureuses*, Paris, Calmann-Lévy, 2000, p. 378.
7. Sigmund Freud-Ernest Jones, *Correspondance complète (1908-1939)*, Paris, PUF, 1998.

8. L'ensemble des contributions, traduites en français, a été publié dans la revue *Le Coq Héron*, 1998, n° 150.
9. Remarquablement analysé et commenté par Michel Schneider dans son texte déjà cité, intitulé *«La "Question" en débat»* publié en annexe de l'édition Gallimard du texte de Freud.
10. *La question de l'analyse profane*, *op. cit.*, 1985, p. 106.
11. *Ibid.*, p. 11.
12. *Ibid*, p. 103.
13. *Ibid*, p. 111-112.
14. Cf. entre autres J.-B. Pontalis, *Avant-propos*, *op. cit.*, 1985, Françoise Samson, « À propos de l'analyse profane», *Le Coq Héron*, 1998, 150, p. 2-4.
15. Michel Schneider, *«La "Question" en débat»*, *op. cit.*, 1985, p. 174.
16. C'est nous qui soulignons.
17. Sigmund Freud, *op. cit.*, 1985, p. 143.
18. Ilse Grubrich-Simitis, *Freud: retour aux manuscrits* (1993), Paris, PUF, 1997.
19. Jacques Lacan, *Télévision*, Paris, Seuil, 1973, p. 67.
20. *Correspondance de Sigmund Freud avec le pasteur Pfister 1909-1939*, lettre du 20 août 1930, Paris, Gallimard, 1966, p. 194.
21. Sigmund Freud, *Le malaise dans la culture* (1930), Paris, PUF, coll. «Quadrige», 1995, p. 58. On notera dans ce passage que Freud se défend de toute forme d'anti-américanisme, précisant que ce serait donner le sentiment qu'il est prêt à se servir lui-même des « méthodes américaines».
22. Près de trente ans plus tard on peut lire, sous la plume de Theodor W. Adorno, qui n'était ni psychanalyste ni réputé être un adepte inconditionnel de la théorie freudienne, ces lignes dépourvues de toute ambiguïté qui visent les psychanalystes américains, Karen Horney parmi d'autres: «Entre leurs mains – celles des révisionnistes – la théorie freudienne se transforme en un moyen supplémentaire d'intégrer les motions psychiques au statu quo social. Ils font de l'analyse de l'inconscient une partie de la culture de masse industrialisée; d'un instrument au service des Lumières, un instrument servant à donner l'illusion que la société et l'individu et que l'adaptation à la réalité toute-puissante et le bonheur se recoupent.» T.W. Adorno, *La psychanalyse révisée* (1946), Paris, Éditions de l'Olivier, 2007. On verra ci-dessous que, usant de termes voisins, les attaques de Lacan visent la même cible d'une adaptation de la psychanalyse au mode de vie américain.
23. Edward Timms, *Freud et la femme-enfant. Mémoires de Fritz Wittels*, Paris, PUF, 1999, p. 150-151.
24. *Ibid.*, p. 174. La question que Freud soulève en cette circonstance épistolaire est la même que celle qui sous-tend son essai sur l'analyse profane, à savoir celle que René Major et Chantal Talagrand délimitent on ne peut mieux en parlant du « droit *à* la psychanalyse» et du « droit *de* la psychanalyse». René Major et Chantal Talagrand, *Freud*, Paris, Gallimard, coll. «Folio biographies», 2006, p. 275.
25. *Ibid.*, p. 151. Freud avait déjà utilisé cette image dans une lettre à Ferenczi du 31 octobre 1920 (*Correspondance complète*, *op. cit.*, vol. 3, p. 39) à propos de l'éventualité de la création d'un institut de psychanalyse à Vienne; cette idée, écrit-il, « ne convient pas à Vienne, un corbeau ne doit pas mettre une chemise blanche».
26. Élisabeth Roudinesco, *Histoire de la psychanalyse en France*, Paris, Fayard, 1994, vol. 2, p. 191.
27. Ce choix pour « fixer les idées» est, on peut le penser, tout sauf anodin si l'on veut bien se souvenir qu'Ellis Island fut un centre de tri pour « gérer» les immigrés qui avait toutes les allures d'un camp de concentration.
28. *in Écrits, Op. cit.*, 1956.
29. Cette domination ne fut en rien contrecarrée par le communisme stalinien, littéralement frappé de cécité quant à ce qui de la psychanalyse pouvait donner à connaître d'un homme qui ne soit ni de marbre ni de fer. Cette cécité stalinienne et le rejet qu'elle impliquait de toute référence à la psychanalyse considérée comme « science bourgeoise» n'a pas, on le sait, épargné la branche française du communisme international, à savoir le Parti communiste français. Il faut cependant

rappeler que dans ce climat obscurantiste des interventions se manifestèrent qui eurent maille à partir avec la direction du « Parti », interventions dont la plus célèbre fut constituée par les écrits de Louis Althusser qui soulignait, à l'attention de ses camarades et de tous les militants révolutionnaires, l'incontournable importance de la théorie psychanalytique, qu'il s'agisse de l'œuvre freudienne ou du caractère décisif de la refonte lacanienne. Cf. notamment Louis Althusser, *Écrits sur la psychanalyse, Freud et Lacan*, Paris, Stock-IMEC, 1993, réédition Le Livre de Poche, coll. « Biblio-Essais », 1996.

30. Jacques Lacan, « La chose freudienne ou Sens du retour à Freud en psychanalyse » (1955), in *Écrits*, Paris, Seuil, 1966, p. 401-436.

31. *Op. cit.*, 1955, p. 402.

32. *Ibid.*, p. 403.

33. Nous soulignons ce *dans* indiquant on ne peut mieux l'opération que nous avons évoquée en parlant du « cheval de Troie ».

34. Jacques Lacan, *op. cit.*, 1953, p. 245.

35. Parmi les plus importants de ces textes nous en retiendrons trois qu'il n'est pas ici question de résumer mais qui sont autant de références : soit donc 1953, le Rapport du Congrès de Rome, 1955, la conférence prononcée à Vienne et le texte écrit pour le centenaire de la naissance de Freud, « Situation de la psychanalyse et formation du psychanalyste en 1956 », in *Écrits*, *op. cit.*, p. 459-491, désormais « 1956 ».

36. Jacques Lacan, *Écrits*, *op. cit.*, p. 365.

37. Sur l'importance de cette opération de *coupure*, cf. Erik Porge, *Des fondements de la clinique psychanalytique*, *op.cit.*

38. *op. cit.*, 1953, p. 239.

39. Cf. Alejandro Dagfal, « La psychanalyse à l'intérieur de la psychologie : les avatars du projet de Daniel Lagache », *Essaim*, 2002, n° 9, Ramonville-Saint-Agne, Érès.

40. Cf. É. Roudinesco, *op. cit.*, 1994, p.554.

41. Cf. sur cette question le livre d'Annie Tardits, *Les formations du psychanalyste*, Ramonville-Saint-Agne, Érès, 2000.

42. 1953, p. 244.

43. Jacques Lacan, « La psychanalyse et son enseignement » (1957), *Écrits*, *op. cit.*, 1966, p. 458.

44. Solal Rabinovitch, « En passer par les signifiants de Lacan », *Essaim* n° 1, Ramonville-Saint-Agne, Érès, 1998, p. 15-32.

45. Jacques Lacan, « L'étourdit », *Scilicet* n° 4, 1973, in *Autres écrits*, Paris, Seuil, 2001.

46. Solal Rabinovitch, *op. cit.*, 1998, p. 19.

47. Consécration de cette démarche consistant en la mise en place d'une psychiatrie assimilée à une entreprise répressive, tel est bien le sens du discours prononcé par Nicolas Sarkozy, président de la République, dans les murs du Centre hospitalier spécialisé d'Antony le 2 décembre 2008.

48. Au sens où Lacan parle des « formations de l'inconscient ».

49. Cf. les discussions à ce sujet réunies dans le petit ouvrage dirigé par Daniel Widlöcher, *Psychanalyse et psychothérapie*, Ramonville-Saint-Agne, Érès, 2008.

50. Cf. sur ce point le livre de Wendy Brown, *Les habits neufs de la politique mondiale. Néolibéralisme et néoconservatisme* (2003), Paris, Les Prairies ordinaires, 2007.

51. Cf. sur ce point et sur la dissolution de l'EFP, sur le devenir « De la communauté issue de l'enseignement de Lacan », le n° 1 de la revue *Essaim*, *op. cit.*, ainsi que le chap. II du présent livre.

52. Sur la passe, voir chap. II et III du présent livre.

53. Sigmund Freud, « Sur une *Weltanschauung* » in *Nouvelles conférences d'introduction à la psychanalyse* (1933), Paris, Gallimard, 1984.

54. Jacques Lacan, Le Séminaire, livre VII, *L'éthique de la psychanalyse*, Paris, Seuil, 1986, p. 19.

Chapitre II. Une dissolution qui n'en finit pas... de ne pas fonder

Le vote en 2004 de la loi de santé mentale sur les psychothérapies est un signe qui conduit à poser, on l'a vu, l'hypothèse d'un troisième *moment* pour la psychanalyse. La façon dont les analystes ont réagi au projet de loi fait partie de ce qui donne forme à l'existence de ce troisième moment. Cette existence concerne d'autant plus les analystes qu'ils ont participé, associés ou pas, à sa création, un certain nombre s'étant joints à l'élaboration de la loi.

Dans la façon dont les analystes ont réagi à la rédaction de cette loi, un trait se détache qui nous paraît significatif : ils ont travaillé en ordre dispersé, sans délibération préalable entre eux. Des rassemblements aux orientations diverses se sont produits, mais ils n'ont pas été précédés ni accompagnés de débats sérieux. En outre, dans la plupart des cas, ceux qui se prévalaient de représenter ces rassemblements n'avaient pas consulté leur « base », laquelle était en réalité divisée.

Ce n'est pas un hasard si les analystes ont agi en ordre dispersé. Dispersés, les analystes lacaniens le furent dès 1980 par la dissolution de l'École freudienne de Paris (EFP). Notre hypothèse est que la façon dont les analystes ont participé à l'élaboration du projet de loi témoigne de ce que la dissolution de l'EFP reste un impensé de leur discours, qui hante les relations entre eux et les pouvoirs publics. Les pseudoregroupements qui se sont produits pendant l'élaboration du projet de loi et en sa faveur sont comme le contenu d'un rêve de retour à un état d'avant la dissolution – ils constituent le déni, le refoulement ou la forclusion, selon les cas, de cette dissolution.

Tel serait donc un enjeu de ce troisième *moment* : lever l'oubli (comme forme de souvenir toujours active) de la dissolution de l'EFP en 1980 et plus exactement en formuler la juste interprétation. Pour y parvenir, nous mettrons en rapport le moment de fondation de l'EFP en 1964 avec celui de sa dissolution en 1980 afin d'en faire ressortir les corrélations. Il ne s'agit pas de refaire l'histoire de ces deux moments mais de cerner les faits qui se sont intriqués à des enjeux de doctrine décisifs et qui ont des conséquences aujourd'hui encore. En rapprochant la fondation de l'EFP de sa dissolution, nous tenterons de faire apparaître qu'il y a de la dissolution dans la fondation et inversement.

En 1964, Lacan accompagne la fondation de son école d'une double opération théorique où entre en jeu une forme de dissolution. D'abord, il remet en question l'unicité et l'identité du signifiant du «Nom du Père», sur lequel une bonne partie de son enseignement se fondait. l'identité de ce signifiant est littéralement dissoute par l'ouverture à une pluralité de « noms du père», titre du séminaire de 1963. Lacan ne s'explique pas sur cette mise en question mais nous pouvons faire quelques conjectures sur ce qui le pousse à ce changement qui en amorce d'autres ultérieurs[1].

En outre il met l'accent sur un nouveau signifiant majeur, le «sujet supposé savoir», qui donne la raison du transfert et qui est destiné à se dissoudre au terme de l'analyse[2].

En fondant son école en référence à ce signifiant qui intervient en tiers dans la relation analysant-analyste, Lacan tente de rassembler ceux qui le suivent dans un transfert à l'école en même temps que dans la mise au travail de la dissolution de ce signifiant, comme dans une analyse personnelle.

La fondation de l'École freudienne de Paris en 1964

En novembre 1963, Lacan arrête à l'issue de la première séance le séminaire qu'il avait prévu de faire pour l'année 1963-1964 et qui s'intitulait, on l'a vu, Les « Noms du Père ». Tard dans la nuit précédente, il avait appris que la Société française de psychanalyse (SFP) avait adopté la directive de Stockholm émise par l'IPA, qui l'excluait de la liste des didacticiens[3]. Que cette décision ait conduit Lacan à quitter la SFP et à inscrire ailleurs son séminaire aurait été compréhensible. Pourtant ce n'est pas ce qu'il fit, et cela mérite explication.

Après l'arrêt de son séminaire, il interpréta l'exclusion dont il était l'objet comme une façon de l'empêcher de parler précisément des noms du père (au pluriel), et cela parce que ce sujet touchait à l'origine de la psychanalyse et à son lien avec quelque chose qui dans Freud n'avait pas été analysé[4]. De surcroît, et dans le fil de son interprétation, il décida de ne plus parler des noms du père. Ce à quoi effectivement il se tiendra, jusqu'en 1973, où il reprendra le problème autrement, au moyen de la topologie borroméenne et en ayant modifié le sens qu'il donnait primitivement au signifiant Nom du Père.

En janvier 1964, toujours membre de la SFP, Lacan, quittant Sainte-Anne, est accueilli à l'École normale supérieure de la rue d'Ulm par Louis Althusser pour recommencer un séminaire sur un autre sujet, « Les fondements de la psychanalyse », qui paraîtra avec pour titre *Les quatre concepts fondamentaux de la psychanalyse*. Il veut par là définir les préalables qui pourraient peut-être rendre audible la reprise d'un autre point de vue du signifiant père. Parmi ces préalables il y a principalement ce qui tourne autour du nouveau signifiant : le sujet supposé savoir.

En rattachant le transfert au sujet supposé savoir et à tout ce qui se connecte à ce terme (le cogito de Descartes, l'avènement de la science moderne, la division du sujet entre savoir et vérité…), Lacan *déplace* la problématique du transfert inspirée de Freud et l'inscrit sur d'autres bases. Ce déplacement constitue en même temps l'entame d'une analyse du transfert *à* Freud, d'abord en ce qui le concerne. Parallèlement il introduit une nouvelle fonction, celle du « désir de l'analyste » comme « désir d'obtenir la différence absolue », pour désigner le levier de l'opération analytique dans l'analyse du transfert.

À l'issue de ce séminaire, en juin 1964, Lacan fonde l'EFP. De l'énoncé des fondements doctrinaux, déplaçant ceux de Freud, à la fondation d'une École freudienne, il n'y a qu'un pas, celui de l'acte. « Je fonde – aussi seul que je l'ai toujours été dans ma relation à la cause psychanalytique… ». Lacan est seul en faisant l'acte mais il n'est pas le seul à le faire et c'est pour ne plus être seul qu'il le fait. « Ma solitude c'est justement à quoi je renonçais en fondant l'École, et qu'a-t-elle à voir avec celle dont se soutient l'acte psychanalytique, sinon de pouvoir disposer de sa relation à cet acte[5] ? »

Cet acte s'inscrit sur fond d'un remaniement des rapports de l'individuel et du collectif, allant dans le sens d'un dépassement de l'opposition des deux termes au profit d'une problématique de l'identification du sujet[6]. C'est ce que Freud avait d'ailleurs inauguré en posant dès son introduction à *Psychologie des foules et analyse du moi* (1921) que « la psychologie individuelle est aussi, d'emblée et simultanément, une psychologie sociale ». Le moment de dépassement de l'opposition individuel-collectif est d'ailleurs équivalent à la reconnaissance de l'en-plus insaisissable (sinon par comptage) d'un sujet de l'inconscient, comme l'atteste la belle formule qui résume « Le temps logique » : « Le collectif n'est rien, que le sujet de l'individuel[7]. »

Dans son chapitre « État amoureux et hypnose », Freud a exposé son fameux schéma de la foule qui formalise ce dépassement de l'opposition individuel-collectif : « Une telle foule primaire est une somme d'individus qui ont mis un seul et même objet à la place de leur idéal du moi et se sont en conséquence, dans leur moi, identifiés les uns les autres[8]. » Le schéma de Freud comporte cependant une certaine équivoque sur la nature de la foule, puisqu'il représente à la fois la foule de la horde primitive autour du père et celle avec le chef, le héros en place d'idéal du moi, héritier du père, certes, mais *après son meurtre*[9].

En présentant le schéma freudien à la fin de son séminaire de 1964, Lacan – sans le dire comme tel, soulignons-le – lève l'ambiguïté et introduit une modification qui le transforme profondément. D'abord il tranche en faveur de l'idéal du moi. Il reprend à son compte la figure de l'idéal du moi mais à aucun moment il ne la réfère au père. En revanche, il la réfère au trait unaire[10]. Conformément à la tâche qu'il s'est assignée, il s'agit donc bien là d'une *version hors nom du père*. En même temps, il procède à une deuxième modification de taille. À ce que Freud désigne comme les places de l'objet (du moi) et de l'objet extérieur il substitue *un seul* terme, que de surcroît il identifie à l'objet de *son* invention, l'objet *a*.

Les conséquences de ce changement sont décisives en ce qui concerne la façon d'envisager le dépassement du rapport de l'individuel et du collectif. Au lieu d'envisager ce rapport sous l'angle d'une logique de la mesure et de la référence à un tout, dont le Père s'excepterait, le schéma transformé par Lacan introduit dans ce rapport de l'*incommensurable*, soit la non commune mesure entre le *un* de l'idéal du moi et l'objet *a* cause de désir du sujet, et conduit à ce qu'il appellera ensuite une logique du pas-tout. La pas-tout n'est pas une partie du tout. Il n'y a pas de tout du pas-tout. Le pas-tout est la négation de la possibilité de fonder une proposition universelle, notamment à partir d'une exception.

En résumé, la fondation de l'EFP est une tentative de dépasser l'opposition individuel-collectif en considérant que ce dépassement ressort d'une problématique d'identification (et non d'identité) du *sujet*, caractérisé d'être compté *en plus* dans la liaison d'un signifiant à un autre et de décompléter le tout d'un ensemble se soutenant de l'exception d'un père.

C'est perpétuer un malentendu que de continuer à interpréter l'histoire des rapports de l'individuel et du collectif dans l'EFP en fonction de la seule référence à la version *Totem et tabou* du schéma de la foule : « Si nous voulons comprendre quelque chose à l'histoire du mouvement psychanalytique de cette époque, il faut tenir compte de ce qui s'était ainsi constitué et qui déboucha sur une certaine logique, incluant un fantasme fondé sur le mythe freudien de la horde primitive, ce qui implique l'idée qu'il fallait d'abord la mort du père pour que les frères insurgés prennent en main la situation[11]. » Une telle interprétation méconnaît le déplacement que Lacan a effectué sur le sujet supposé savoir et sa mise en question, ainsi que sa réinterprétation du schéma freudien de la foule.

Un cas d'école

C'est sur la base de ce qui en 1964 n'est qu'une orientation que Lacan crée une école et propose un fonctionnement qui s'écarte de celui de l'IPA et de toutes les sociétés de psychanalyse existantes jusqu'alors.

En qualifiant cette école de «freudienne», il affirme qu'il se situe bien dans le cadre de la discursivité freudienne, mais le fait de l'affirmer, et la façon dont il donne consistance à cette affirmation avec de nouvelles références, suffisent à marquer qu'il y a un décalage, un déplacement entre Freud et Lacan.

Pourquoi ce mot « école », qui déjà par lui-même innove ? Il s'en explique dans son *Acte de fondation*. C'est un terme emprunté à la philosophie antique où l'enseignement allait de pair avec un certain style de vie. «Il est à prendre, écrit-il, au sens où dans les temps antiques il voulait dire certains lieux de refuge, voire bases d'opération contre ce qui déjà pouvait s'appeler malaise dans la civilisation.» Il ne s'agit pas de vouloir enseigner la psychanalyse comme une connaissance universitaire, déjà constituée, mais de « se mettre à l'école de», en condition de recevoir et de transmettre le savoir de l'inconscient, à l'instar de l'analyste qui est à l'école de l'analysant. Pour ce faire, Lacan mise sur un fonctionnement nouveau, suscitant ce qu'il appelle alors des « transferts de travail», ce qui est cohérent avec une fondation devant favoriser un transfert à l'École. S'inspirant des expériences de Wilfrid R. Bion et de John Rickman en Angleterre pendant la guerre, il invente la notion de cartel, petit groupe de travail composé de trois personnes au moins, cinq au plus, «plus une», comme rouage essentiel de l'École. La désignation de ce «plus un» relève du comptage spécifique du sujet de l'inconscient[12]. Il crée aussi trois sections de thèmes de recherche, chacune divisée en trois sous-sections[13], dans lesquelles les membres de l'école sont invités à se regrouper.

Enfin, l'École disjoint les liens hiérarchiques qui existaient auparavant entre la cure, les contrôles et l'enseignement. Cette disjonction est un trait discriminant d'avec les sociétés de psychothérapie.

D'une différence entre certaines associations de psychanalyse et celles de psychothérapie

D'un point de vue formel, il est vrai qu'il existe un trait commun dans les formations proposées par les associations de psychanalyse et de psychothérapie : elles reposent dans les deux cas sur la conjonction d'un enseignement théorique, d'une formation personnelle et d'une supervision individuelle ou en groupe. Au-delà de la différence des contenus de l'enseignement, ce qui diffère pourtant, c'est l'articulation entre eux de ces trois volets.

Dans les associations de psychothérapie, la formation personnelle, l'enseignement théorique et les supervisions pratiques sont mises en continuité, elles forment un tout qui doit contribuer à un objectif défini, en accord avec des idéaux de société. Les formateurs érigés en modèles transmettent des valeurs idéales ou de « bon sens » dans l'enseignement comme dans les formations individuelles. Psychothérapie, enseignement, supervision doivent former un ensemble cohérent où savoir et vérité sont en adéquation.

La fondation de l'EFP a de fait désolidarisé les trois volets de la formation, tout en maintenant une articulation entre eux. La cure personnelle y restait le lieu opérant nécessaire de la psychanalyse didactique mais celle-ci n'était pas réservée à un corps de didacticiens. N'importe quel analyste pouvait mener une cure qui pouvait se révéler après coup avoir été didactique. Les contrôles étaient bien sûr conseillés mais ni prescrits ni évalués. Ils pouvaient se faire avec des analystes extérieurs à l'association. Le choix des séminaires était laissé à la décision de chacun et il n'y avait pas de programme préétabli. Ils ne visaient pas à mettre la pratique en conformité avec un modèle théorique.

Les écarts, la disjonction entre les trois volets de la formation reflétaient au niveau collectif la division du sujet et les phénomènes de hasard ou de surprise propres aux formations de l'inconscient. Une école les mettait au travail pour qu'à partir de leur jeu se prolonge l'invention de Freud.

Ces écarts ont persisté à des degrés divers dans les associations issues de la dissolution de l'EFP mais il y a une tendance inquiétante à dériver vers les modèles corporatistes de fonctionnement des associations de psychothérapie et des associations de psychanalystes de l'IPA, non traversés par une problématique d'École. L'article 52 de la loi de santé publique promulguée le 9 août 2004 ne peut qu'accentuer cette tendance.

Le pas de la passe[14]

En 1967, la question d'une modalité spécifique de reconnaissance de la formation des analystes et d'un dire sur le désir de l'analyste devient insistante. Cette question avait été laissée en suspens, ou plutôt réglée provisoirement par une reconnaissance de l'ancienneté et de la compétence professionnelle, sous la forme de deux titres (A.M.E., analyste membre de l'École et A.E., analyste de l'École) attribués par Lacan assisté du directoire de l'EFP. Cet état de fait créait des tensions entre des membres cadres bénéficiant d'un acquis antérieur à la fondation et les nouveaux venus, sans titre, qui se ralliaient aux projets de travail de l'école.

Dans ce climat, Lacan écrit sa « Proposition du 9 octobre 1967 sur le psychanalyste de l'École » qui, pour la première fois, propose le dispositif de la passe : un passant rencontre deux passeurs auxquels il parle de ce qui dans son analyse l'a conduit à vouloir devenir analyste, et ceux-ci rapportent le témoignage du passant devant un jury d'agrément qui procède ou non à la nomination d'« analyste de l'École » (A.E.) Il fallut attendre 1969 pour que ce dispositif se mette à fonctionner[15].

Les désignations d'A.M.E. et d'A.E. ne renvoient pas à une hiérarchie mais à un *gradus*, c'est-à-dire un certain *pas* de la marche, la position du combattant mais aussi le passage maritime[16]. Avec la procédure de la passe, Lacan ne vise pas à installer un contre-pouvoir mais une distinction productive entre la hiérarchie incarnée par les anciens et le *gradus* incarné par la mise en place de la passe, le pas de la passe que quiconque, sans réquisit préétabli, peut avoir envie de faire (puisque la passe n'est pas obligatoire). La passe n'est pas un dispositif fournissant un supplément de garantie mais un déplacement de la notion de garantie en rupture avec celle fournie par une hiérarchie. La garantie est celle de la vérité qui se manifeste au lieu de l'Autre, en tant que lieu de la parole et trésor des signifiants. Cela signifie que la vérité n'est pas celle de l'absolu ni celle de l'adéquation *rei et intellectus*, mais qu'elle n'est pas toute dicible et que quand elle se dit, c'est dans l'erreur, les lapsus, les formations de l'inconscient. Aucun sujet supposé savoir n'est là pour la garantir. Elle s'affronte au savoir dans un rapport qui divise le sujet. Le modèle de cette garantie est celui qui opère dans le *Witz*, le trait d'esprit. Celui-ci se produit quand il y a surgissement d'un message nouveau, semblable à la création poétique, différent du code déjà là mais que l'Autre enregistre comme trait d'esprit. « l'institution de l'Autre coexiste ainsi avec l'achèvement du message. l'un et l'autre se déterminent en même temps, l'un comme message, l'autre comme Autre[17]. » Ce n'est donc pas sans raison que Lacan a dit que la passe prenait son modèle du *Witz*, puis, au congrès de l'EFP en 1973, que la formation des analystes relevait des formations de l'inconscient.

Avec la procédure de la passe, Lacan donne au mot « École » son sens de « à l'école de ». En effet, de même que l'analyste donne la parole à l'analysant, il s'agit de donner la parole au passant, celui qui veut devenir analyste, pour cerner ce qu'il en est du « désir *x* », le désir de l'analyste, avec cette différence toutefois qu'il s'agit d'une parole indirecte, transmise par la médiation de passeurs qui filtrent le lien de la formation analytique à l'inconscient. La prise en compte du désir de l'analyste y est expressément référée à la mise en question du sujet supposé savoir à partir d'une question simple : quel désir peut animer celui qui, au terme de son analyse, ayant vu se dissiper l'illusion du sujet supposé savoir, veut en occuper la place pour d'autres ?

Le dispositif de la passe fournit pour la première fois une articulation topologique argumentée entre la didactique, ou psychanalyse en intension, et la psychanalyse en extension, soit « ce qui présentifie la psychanalyse au monde ». Jusqu'alors les analystes n'avaient pensé qu'en termes de frontière séparant un dedans et un dehors, ce qui nourrissait les paradoxes de l'extraterritorialité de l'analyste, et les mettaient dans la position du « corbeau portant une chemise blanche » (Freud)[18] ou de la chauve-souris de la fable de La Fontaine (Lacan)[19].

La dissolution : échec ou révélation[20] ?

En 1980, l'École freudienne de Paris est dissoute. Les facteurs qui se sont mis en travers du nouveau fonctionnement proposé par Lacan sont multiples et il n'est pas possible de les examiner tous. Signalons cependant l'importance du facteur numérique. À sa dissolution, l'EFP compte un peu plus de cinq cents membres[21]. Sans faire du nombre un facteur décisif, il est sûr que lorsque celui-ci devient trop important l'institution tend à fonctionner comme une foule au sens freudien.

La pléthore des effectifs de l'École a entraîné des regroupements disparates, plus ou moins constitués, formant des sous-groupes en conflit ou rivalité les uns avec les autres. Ils ne portaient plus un projet d'École dans son ensemble. Au lieu que celle-ci progresse dans la mise en question du sujet supposé savoir, elle donnait abri à des clans où se confortaient des positions de maîtres sachant, de « pèremaîtres » distribuant leurs permissions. La participation à la même école d'analystes et de leurs analysants contribuait aussi à cette dérive. Au lieu de mettre au travail le transfert, l'École en renforçait le versant résistance.

La disjonction cure, contrôle, enseignement qui avait présidé au fonctionnement de l'École allait s'estompant. Une classe de contrôleurs tendait à se former parmi les A.M.E. Les nominations d'A.E. et d'A.M.E., au lieu d'être considérées comme les pas d'un *gradus*, tendaient à être conçues comme des titres qui réinstauraient une hiérarchie, tandis que l'affiliation à un enseignement valait marque identificatoire.

Toutes ces appréciations sont justes mais limitées, car elles s'inscrivent dans la perspective que la dissolution équivaudrait à un échec de l'École. Sans doute, mais échec de quoi ? Que vaut-il mieux : une dissolution ou une conservation hypnotique comme celle de Monsieur Valdemar dans le conte d'Edgar Poe ? Si échec de l'École il y eut (et il faudrait préciser en quoi), cela signifie-t-il que la dissolution fut, elle, un échec ?

Elle s'est certes inscrite dans des luttes de pouvoir entre des forces qui s'opposaient à l'EFP et elle a pu être menée dans un but de purge[22]. Mais il est fréquent que des luttes de pouvoir viennent signer un recul, une régression à des conceptions antérieures, devant des enjeux théoriques nouveaux qui justement pourraient amener d'autres points de vue.

Toute association qui se crée inscrit dans ses statuts les modalités de sa dissolution. Dans cette perspective, la dissolution ne doit-elle donc pas être reconsidérée comme partie d'une vérité insue, non fixée dans les statuts, de la fondation de l'École et de son projet ? De même que la fondation de l'EFP s'appuyait sur la valeur propre de l'énonciation (le « Je fonde aussi seul... », de Lacan), la dissolution a reposé sur cette même valeur de l'énonciation de Lacan dans sa lettre du 5 janvier 1980[23]. l'authenticité du texte de cette lettre a été contestée. Il reste qu'elle a bien été signée par lui et qu'il ne fit rien par la suite pour démentir cet acte.

Les membres de l'EFP qui se sont opposés à la dissolution par voie juridique en provoquant un jugement en référé pour en annuler la décision se sont réclamés de leur attachement à cette école. Mais ils commettaient l'erreur d'effacer la distinction entre énoncé et énonciation, distinction au principe de l'acte analytique qui fonde le sujet dans sa division. Quand Lacan dit qu'il dissout l'EFP, il donne à son énonciation la valeur d'un acte analytique, c'est-à-dire qu'il donne à l'action, à laquelle il demande d'adhérer, une portée fondatrice – celle-ci devant se vérifier dans ses conséquences. Par contraste, l'acte juridique d'un référé pour empêcher la dissolution a mis en relief la dimension énonciative analytique de Lacan.

Ne pas en tenir compte, c'est livrer justement la psychanalyse à une forme de judiciarisation, qui s'inscrit dans une évolution du droit dans l'État de droit. Pour préserver les droits de l'individu, l'État en restreint de plus en plus la liberté. Le droit prend un caractère prescriptif et normatif qui constitue un carcan pour l'individu et l'oblige à recourir aux pouvoirs du juridique pour toujours plus faire valoir ses droits.

La production psychanalytique a été largement faussée par le déplacement des conflits sur le terrain juridique. Ce déplacement s'était déjà engagé en décembre 1979, soit *avant* la lettre de dissolution du 5 janvier et le référé qui a suivi, et ce pour des motifs de « négligences » mineures du conseil d'administration de l'EFP.

L'opposition entre acte analytique et action juridique, qui s'est manifestée à la dissolution de l'EFP en 1980, et déjà lors de l'affaire Theodor Reik[24], s'est répétée avec la loi sur les psychothérapies. Ce qui est en question dans ce qui prend forme d'un troisième *moment* avec la participation des analystes est la spécificité de l'acte psychanalytique du devenir analyste, au regard de formes d'action juridiques, politiques, psychothérapeutiques ou autres.

Il y a cependant une différence avec les *moments* précédents. Dans le premier *moment* on avait affaire à une confrontation plus directe du droit avec la *pratique* analytique tandis que dans la dissolution et dans l'article 52, il s'agit plutôt de l'enjeu de la *formation* des analystes, elle-même référée aux formations du désir inconscient. Or c'est bien parce qu'il n'y a pas de continuité entre faire une analyse et devenir analyste que le devenir analyste devient une question en soi. Une question qui est au cœur de la formation de l'analyste, en ceci que cette formation est en un certain sens moins appelée à clôturer la question par une réponse faussement objective qu'à la laisser vive, en tout cas pour chaque sujet. Non seulement il n'y a pas de continuité entre la fin de l'analyse et le devenir analyste, mais de plus il est surprenant qu'à l'issue d'une analyse on veuille devenir analyste, puisque c'est se prêter à occuper une place de sujet supposé savoir pour un autre au moment où la consistance de cette place tombe en morceaux. Pour devenir analyste, l'analyse est nécessaire mais non suffisante. La question est d'autant plus insistante qu'elle n'est pas directement compréhensible à partir des coordonnées de la fin de l'analyse. C'est à cette question d'un au-delà de l'analyse qu'à travers le dispositif de passe les passants tentent d'apporter des réponses. Étant donné la teneur analytique complexe de la question, on conçoit qu'une décision juridique ne puisse pas se substituer à la réflexion avertie d'un collectif analytique.

L'imprégnation judiciaire de la société rencontre la demande de certains psychanalystes d'obtenir un statut de psychanalyste garanti par l'État. Cette demande a resurgi lors de l'élaboration de la loi sur les psychothérapies. Or, un acte qui serait garanti par l'État ne serait plus un acte analytique.

En répétant le moment énonciatif de la fondation, la dissolution de l'EFP a été une chance de lever en partie certaines méconnaissances qui étaient liées à celle-ci. Méconnaissance du fait que l'association s'était fondée sur un dépassement du rapport de l'individuel et du collectif, dépassement relevant du «pas-tout»: il ne s'agissait pas de constituer un ensemble d'analystes s'assurant de leur identité dans cet ensemble mais d'interroger, notamment par le biais du dispositif de passe, s'il existe *de* l'analyste. Comment l'État pourrait-il garantir une identité (un statut) du psychanalyste alors que les associations font de cette mise en question le *schibboleth* de la formation de l'analyste?

En se nommant *école*, l'association admettait en même temps comme membres des non-analystes et elle ne pouvait être considérée comme une association corporatiste d'analystes.

De la dissolution de l'EFP à la mise à l'école de la dissolution

La chance de lever ces méconnaissances, fournie par la dissolution de l'EFP, fut mise à l'épreuve dans l'association qui succéda à l'EFP: La Cause freudienne. Malheureusement elle n'a pas tenu sa promesse, et c'est pourquoi cette dissolution ne s'est pas achevée et qu'elle continue à hanter le mouvement analytique.

La période qui s'étend de la lettre de dissolution du 5 janvier 1980 au démarrage de l'École de la cause freudienne (ECF) fin mars 1981 fut d'une effervescence intellectuelle et passionnelle intense et riche en événements : création de La Cause freudienne, publication de *Delenda*, déplacement de Lacan à Caracas (12-15 juillet 1981), dissolution juridique de l'EFP[25]...

Il se trouve, et c'est assez étonnant, que le temps de La Cause freudienne est aujourd'hui en général assez méconnu, voire littéralement passé aux oubliettes.

L'association La Cause freudienne est créée le 21 février 1980, pour rassembler ceux qui veulent continuer avec Lacan. Sont d'abord rédigés des statuts provisoires puis plus élaborés, en octobre 1980. L'appel des cotisations (fixées à 1 000 F) n'aura pas eu le temps de se faire, aussi les seuls noms déclarés à la préfecture sont-ils ceux de Jacques Lacan et de Gloria Gonzalès, sa secrétaire. Mais l'association va fonctionner pendant presque un an avec tous ceux qui se rallient au projet de La Cause freudienne. Deux types d'adhésion seront envisagés, les correspondants et les membres.

La Cause freudienne reprend les principes énoncés par Lacan dans l'*Acte de fondation* de l'EFP en 1964, et « repart du même point mais avec la vocation de constituer la contre-expérience de l'EFP » (Rapport d'orientation du directoire du 22 novembre 1980). La Cause freudienne se dote d'un directoire pour deux ans, d'un conseil statutaire, d'une assemblée annuelle administrative, d'un congrès à réunir tous les deux ans. Elle consacre un effort particulier et soutenu à susciter et organiser des cartels : en nommant un secrétaire aux cartels, en créant la fonction de « vecteur » de cartels pour coordonner les travaux sur des thèmes voisins, en favorisant l'admission à partir du travail en cartel. Jusqu'à 150 cartels se déclarent. Entre novembre et décembre 1980, 11 réunions intercartels ont lieu. Par ailleurs, l'association organise des journées de travail.

La Cause freudienne entend aussi poursuivre le dispositif de la passe et garde la distinction AE et AME (titres à délivrer par une École à l'intérieur de La Cause freudienne). Toutefois, et c'est un changement notable, seuls dix A.E. sont reconduits (les derniers nommés) et ce pour une durée de trois ans seulement.

En mars 1980, commence à paraître un bulletin « apériodique » : *Delenda*. Il n'est un bulletin ni de l'EFP, remplaçant son courrier par exemple, ni de la Cause freudienne qui a son propre courrier avec l'adresse de Lacan rue de Lille. *Delenda* se trouve donc dans un intervalle, dans un entre-deux spatial et temporel. Dès le premier numéro, le 15 mars 1980, il se présente comme répondant « à la nécessité d'activer le travail de dissolution et de déjouer les manœuvres qui se font jour en vue d'usurper le sigle de l'EFP ». Il s'agit de soutenir un travail théorique sur la dissolution au-delà des aspects juridiques, de travailler sur et avec cette dissolution comme concept opératoire. Le lien à la fondation de l'EFP est fréquemment rappelé[26].

Delenda a été très actif, faisant paraître aussi bien des informations, des comptes rendus de réunion, des notices sur des notions (celle d'analysant par exemple), des articles de fond plus ou moins longs (beaucoup portent sur la passe), des traductions… On peut même lire un article surprenant de Didier Anzieu projetant d'intenter une action en justice pour empêcher que la pratique des lacaniens porte le nom de « psychanalyse » (*Delenda*, n° 1, septembre 1980). *Delenda* organise aussi des journées d'études (26-27 avril 1980) et des soirées d'exposés les lundis puis les jeudis. C'est à l'une d'elles que Lacan s'adressant à Jacques-Alain Miller s'apprêtant à parler lui lance : « Faites *kour* » (écrit en phonétique).

Pour ceux qui voulaient poursuivre avec Lacan, la période allant du 5 janvier 1980 à janvier 1981 a été marquée par l'espoir que le travail de dissolution permette de redémarrer une école sur de nouvelles bases.

Mais en même temps que ce travail sur l'orientation psychanalytique, La Cause freudienne a dû de nouveau faire face à un problème juridique sur lequel elle a buté, celui du règlement de la dissolution de l'EFP et du partage de ses biens. Celle-ci ne sera effective que le 27 septembre 1980. Les biens seront dévolus à La Cause freudienne. En novembre 1980 la SCI, gérante du local sis 69 rue Claude-Bernard, vote en faveur de sa location à La Cause freudienne, mais le 19 décembre elle change d'avis et décide de le vendre. Ce sera, en janvier 1981, le début de la première scission dans La Cause freudienne, qui mettra un terme à son existence et mènera à l'officialisation de l'École de la Cause freudienne (ECF) après un forum les 28 et 29 mars 1981.

Cette scission a fixé des conflits qui perdurent aujourd'hui et elle a mis prématurément fin au travail de dissolution qui s'était engagé avec élan et sincérité pour beaucoup, empêchant dès lors ce travail d'opérer sa jonction avec les fondements de la psychanalyse.

Comme l'a écrit Jean Clavreul à Lacan le 28 décembre 1980 : « Un an après… il s'avère que le travail de dissolution ne s'est pas effectué[27]. » Aujourd'hui encore il ne s'est pas effectué. Nous sommes toujours dans la dissolution. Une dissolution dont on ne voit pas la fin. Une dissolution qui n'en finit pas… de ne pas fonder.

La situation de dispersion dans laquelle nous nous trouvons aujourd'hui pose la question du fonctionnement de chaque institution *en même temps* que celle du rapport entre la pluralité des associations. En effet, aucune institution se réclamant de Lacan n'a plus de légitimité ou d'autorité qu'une autre, quelque effort que fassent certaines pour se le prouver et le prouver à d'autres, notamment l'ECF et l'ALI (Association lacanienne internationale) en se faisant reconnaître associations d'utilité publique par l'État. Il n'y a pas de véritable internationale du mouvement lacanien ni de fédération en position de représenter l'ensemble des associations. La dispersion est donc une réalité qu'il faut prendre au sérieux plutôt que de vouloir la recouvrir d'emplâtre. Elle a certes des inconvénients, mais comment les contrer ? Cela ne peut pas se faire sans analyser la vérité de cette dispersion. La dispersion dans laquelle nous nous trouvons aujourd'hui répète quelque chose de l'acte de fondation de Lacan.

La tâche qui s'ouvre désormais à nous est de définir des modalités de transfert de travail entre plusieurs associations de psychanalyse en respectant cette pluralité. Il manque de véritables débats sur les lignes de clivage qui sont apparues, telles la notion d'identification au symptôme à la fin de l'analyse, l'interprétation du pas-tout, la remise en cause des structures cliniques freudiennes, les questions autour de la nomination, du sujet et des subjectivités…

L'absence, ou l'interruption prématurée de ce que l'on a appelé « le travail de dissolution », contribue à créer une sorte d'abcès de fixation, qui participe de ce que nous appelons « troisième *moment* ». Il serait sans doute temps d'en faire l'analyse pour savoir quelque chose de ce qui fait sa structure. Ce que nous avons avancé ici est que la dissolution est l'envers de la fondation et que fondation-dissolution participent d'une même structure, celle de l'acte fondateur du sujet. Ce serait le retour de cet impensé de la dissolution de l'EFP en 1980, ayant provoqué la dispersion des analystes, qui donne forme chez eux au malaise de ce troisième *moment*.

1. L'être père n'est pas une donnée sensible mais un effet de langage. Le langage n'étant pas une nomenclature des choses, le signifiant père n'implique aucune caractérologie fixant les bornes de sa normalité dans la réalité. Sa fonction est de signifier une puissance d'engendrement. Ce signifiant exerce cette fonction au moyen d'une opération métaphorique, c'est-à-dire en se substituant à un autre signifiant, celui du désir de la mère. Pour remplir sa fonction, ce signifiant doit être reconnu dans un au-delà de ce désir. Il devient alors un « signifiant qui dans l'Autre, en tant

que lieu du signifiant, est le signifiant de l'Autre en tant que lieu de la loi» (*Écrits*, Paris, Le Seuil, 1966, p. 583). Cette loi n'est pas à confondre avec une loi juridique : il s'agit d'une loi du langage comparable à une loi physique et dont Lacan a donné une formule avec son écriture de la métaphore paternelle qui définit le Nom du Père à partir de 1957, écriture qui vise à rendre compte de l'efficacité symbolique du complexe d'Œdipe. C'est dans la mesure où le Nom du Père se substitue au signifiant du désir de la mère, dans la mesure donc du cas qui est fait par la mère de ce signifiant, que l'enfant peut quitter la place d'être phallique qu'il incarne pour celle-ci.

La loi métaphorique du Nom du Père a entraîné des malentendus et soulevé des questions qui ont pu amener Lacan à modifier ses dires. D'abord, plusieurs analystes firent la confusion entre loi du langage et loi juridique et voulurent, au nom de la métaphore paternelle, définir des caractéristiques normalisantes du père et de la mère dans la réalité anthropologique. Une réalité à laquelle peut-être collait trop la formule en utilisant les termes de *père* et *mère*. De ce fait, le Nom du Père se revêtait d'une aura sacrée, religieuse. Par ailleurs la formule pouvait laisser croire que ce nom existe, qu'il est nommable, accessible et qu'il y en aurait un unique : *le* Nom *du* Père. Que ce serait un nom d'identité du père. En commençant en 1963 un séminaire avec le pluriel *les noms du père,* Lacan amorce un changement notable. Il ne s'en explique pas, mais la suite fait conjecturer qu'il s'agit justement de considérer que ce nom n'existe pas comme nom ultime nommable. Autrement dit, ce nom comporte un trou, un défaut de nomination, il s'agit d'un *nom de nom de nom*. Le passage au pluriel signifie le caractère vacuolique de ce nom qu'aucun être parlant ne peut énoncer d'une place de père. C'est dans la suite de ce premier tournant que Lacan en viendra à considérer, en lien avec le nœud borroméen, la fonction propre du «père nommant» et pas seulement nommé par la métaphore.

2. Le signifiant *sujet supposé savoir* en tant que point de départ du transfert est introduit en juin 1964 dans le séminaire *Les quatre concepts fondamentaux de la psychanalyse*, juste avant la fondation de l'EFP. L'élaboration par Lacan de ce signifiant est issue de sa lecture de Descartes. Pour Lacan, le sujet sur lequel opère la psychanalyse est le sujet de la science moderne née avec le *cogito*. La psychanalyse n'aurait pas vu le jour s'il n'y avait pas eu cet événement. Arrivé à la pointe de son doute hyperbolique, Descartes énonce le *cogito*, que Lacan interprète comme une parole qui divise le sujet entre un «je pense» et un «je suis» (contrairement aux philosophes qui l'interprètent comme transparence du sujet à lui-même). À ce moment, Descartes procède à une opération de séparation en remettant à Dieu la charge de garantir les vérités éternelles mathématiques. Moyennant quoi la science pourra se développer par accumulation de savoir sans s'encombrer de sa vérité. Il y a forclusion de la vérité comme cause. Et cette vérité, pour les cartésiens que nous sommes, d'être rejetée, fait retour dans les symptômes ou plus exactement dans le réel sexuel de la jouissance des symptômes. Dieu est la première figure de sujet supposé savoir. Il garantit les vérités mathématiques parce qu'il les veut telles. C'est son désir. Un désir qu'on ne peut savoir. «Le sujet est supposé savoir, dit Lacan, de seulement être sujet du désir». C'est vers un tel sujet supposé savoir, sujet de désir, qui saurait la vérité des symptômes, que se porte l'amour de transfert. L'analyste n'incarne pas nécessairement le sujet supposé savoir pour l'analysant dans l'analyse car ce dernier occupe une place de troisième personne. Ce signifiant qui soutient le transfert est destiné à chuter à la fin de l'analyse, laissant la place à la division qu'il masquait entre le sujet divisé et l'objet à cause du désir, provoquant ce que Lacan

appelle « désêtre » de l'analyste et « destitution subjective » chez l'analysant.
3. Au cours du XXIIIe congrès de l'IPA à Stockholm, l'Exécutif central rédige le 2 août 1963 une « Directive » stipulant que Lacan « ne peut être compté plus longtemps parmi les didacticiens du Groupe d'études [Groupe d'études de la Société française de psychanalyse issu de la scission de 1953 et demandant à réintégrer l'IPA] » et qu'« il devait être progressivement écarté de la formation ». Aucune référence au séminaire de Lacan sur les Noms du Père n'apparaît dans cette Directive.
4. Lacan ne le précise pas explicitement mais on peut supposer qu'il s'agissait du rapport de Freud au nom imprononçable du Dieu des juifs et à la pluralité de ses noms.
5. Jacques Lacan, « Discours à l'EFP du 6 décembre 1967 », *Autres écrits*, Paris, Seuil, 2001, p. 263.
6. En énonçant que le signifiant représente le sujet pour un autre signifiant, Lacan dit que le sujet ne sera jamais que l'hypothèse avec laquelle il faut compter comme *un en plus* dans cet intervalle et que le sujet s'institue dans sa destitution, c'est-à-dire le *fading* d'une apparition évanouissante d'une manifestation de l'inconscient, d'une bévue, d'une ouverture qui se referme dès qu'on veut la saisir. Il n'y a pas de subjectivation du sujet, et quand, par raccourci, on dit que le sujet parle, cela signifie qu'il est parlé et que le « je » est divisé.
7. Jacques Lacan, *Écrits*, *op.cit.*, « Le temps logique et l'assertion de certitude anticipée », p. 213.
8. Sigmund Freud, *Essais de psychanalyse*, « Psychologie des foules et analyse du moi », chap. VIII, Paris, Payot, 1981.
9. Erik Porge, *Transmettre la clinique psychanalytique. Freud, Lacan, aujourd'hui*, Toulouse, Érès, 2005, chap. 19 et 20.
10. Le trait unaire est le marquage élémentaire du signifiant, qui le constitue comme *un*. C'est un *un* de la différence à l'état pur qui se répète avec éventuellement des différences qualitatives. C'est le un comptable (et non pas d'union) de ces différences et ce qui se répète n'est pas la similarité, la ressemblance mais précisément la mêmeté d'une différence. La formation symbolique de l'idéal du moi (par opposition à la formation imaginaire du moi idéal) s'accroche à ce trait.
11. Jean Clavreul, *L'homme qui marche sous la pluie*, Paris, Odile Jacob, 2007, p. 56.
12. Lacan l'illustre de l'exemple tiré du récit d'Ernest Shackleton *L'odyssée de l'Endurance*, Paris, Payot, 1993, où il relate les conditions extrêmes d'épuisement, de froid et de faim dans lesquelles l'auteur et son équipage ont dû traverser la banquise du pôle sud après que leur bateau fut retenu prisonnier de la glace. L'explorateur raconte que lors de cette épreuve, lui et ses camarades se comptaient fréquemment *un de plus*. Le sujet n'est rien que cela, dit Lacan en 1962 dans son séminaire *L'identification*, la possibilité d'un signifiant de plus, d'un *un en plus*, grâce à quoi il constate lui-même qu'il y en a un qui manque.
13. Une section de psychanalyse pure (la psychanalyse didactique) avec trois sous-sections : doctrine de la psychanalyse pure, critique interne de sa praxis comme formation, contrôle des psychanalystes en formation. Une section de psychanalyse appliquée (la thérapeutique et la clinique médicale) avec trois sous-sections : doctrine de la cure et de ses variations, casuistique, information psychiatrique et prospection médicale. Une section de recensement du champ freudien (notamment les publications) avec trois sous-sections : commentaire continu du mouvement psychanalytique, articulation aux sciences affines, éthique de la psychanalyse qui est la praxis de sa théorie.
14. Les enjeux de la passe seront repris au chapitre IV du présent ouvrage p. 91.
15. La *Proposition* fut soumise au vote des membres de l'école, et acceptée. Une partie de ceux qui s'y opposèrent

quittèrent l'EFP et fondèrent le *Quatrième groupe*. Ce fut la première scission dans l'EFP.

16. Jacques Le Brun, « Réflexions sur la distinction lacanienne entre la hiérarchie et le *gradus* », *Essaim*, n° 6, Toulouse, Érès, automne 2000.

17. Jacques Lacan, *Les formations de l'inconscient*, Paris, Seuil, 1998, p. 90, dans sa lecture du trait d'esprit avec la figure topologique du graphe. Le tracé du graphe n'est pas une voie hiérarchique, il est plutôt de l'ordre du *gradus*.

18. Cf. chapitre premier du présent ouvrage, p. 14

19. Notons que si Lacan innovait dans un domaine aussi sensible, il n'agissait pas sans faire preuve de ce qu'il appela lui-même une certaine prudence. Par exemple en faisant coexister des A.E. désignés par lui selon leur ancienneté et des A.E. fraîchement nommés par la passe. Sa prudence ne réussit cependant pas à éviter les dissensions dans son École. Son absence de prudence d'ailleurs n'eut pas plus de succès, comme le prouve sa tentative, en 1974, de créer une école de psychanalyse en Italie où l'on serait entré par la passe.

20. Rappelons que Lacan a souligné qu'on pouvait entendre la *dissolution* comme une *dit-solution*.

21. Information orale donnée par Christian Simatos.

22. Michel Plon, « L'indicible d'un malaise », *Essaim* n° 1, *Toulouse, Érès, 1998*.

23. Il s'agit de la lettre dans laquelle Lacan annonce la dissolution de l'EFP : « Il y a un problème de l'École. Ce n'est pas une énigme. Aussi je m'y oriente, point trop tôt. Ce problème se démontre tel, d'avoir une solution : c'est la *dissolution*. À entendre comme de l'Association qui, à cette École, donne statut juridique. » Cette lettre fut envoyée à chacun des membres de l'EFP puis publiée quelques jours après dans la presse, notamment *Le Monde*. Elle est republiée dans *Autres écrits*, Paris, Seuil, 2001, p. 317.

24. Cf. chapitre premier du présent ouvrage, p. 14.

25. Pour cette période, nous nous sommes référés aux documents à diffusion interne de l'EFP et de la Cause freudienne que nous avons gardés, à la collection du bulletin *Delenda* et à nos souvenirs. Peuvent aussi être consultés Elisabeth Roudinesco, *Histoire de la psychanalyse en France*, vol. II (1986), Paris, Fayard, 1994, IIIe partie, chap. IV ; Claude Dorgeuille, *La seconde mort de Jacques Lacan*, Paris, Actualité freudienne, 1981 ; *Almanach de la dissolution*, Bibliothèque des Analytica, Navarin éditeur, Paris, 1986.

26. Une première série de *Delenda* paraît de mars à juin 1980, contemporaine de l'EFP dans la période précédant la dissolution juridique. Une seconde série, de septembre 1980 à juin 1981 (date de la fin de la Cause freudienne et du démarrage de l'ECF) lui succède. Son but est alors de soutenir la Cause freudienne qui n'a pas de publication qui lui soit propre.

27. Claude Dorgeuille, *La seconde mort de Jacques Lacan*, *op. cit.*, p. 51.

Chapitre III. Guérir de la psychothérapie

Ce titre n'est pas une provocation. l'opposition, qui est faite souvent à des fins intéressées, voire malveillantes, entre le psychanalyste pur et dur et le praticien qui serait attentif avant tout à soulager la souffrance est déjà un effet idéologique. Le plus simple peut-être, pour prendre la mesure du mensonge premier que comporte cette classification, est d'interroger les analysants qui ont été jusqu'au terme de l'expérience et de recueillir d'eux un témoignage : c'est non pas la disparition de leurs maux, pourtant effective, qui compte, mais le retour à la vie. Nous disons « retour » parce que la demande même d'une psychanalyse suppose qu'on ait eu un aperçu, même oublié, de la plénitude intrinsèque de la vie : *la vie n'a pas de contraire*. On peut aussi d'ailleurs interroger les analysants débutants : on vérifiera que le seul fait de disposer, grâce au transfert, d'une adresse fiable, c'est-à-dire qui ne conditionne pas sa présence à une demande de dire ceci ou cela, est à elle seule, même si rien encore n'est réglé, ce qui déloge d'emblée l'analysant(e) d'une position de victime ou de malade. Il suffit, pour que cet effet soit possible, de ne pas mettre le transfert au service de la suggestion. Enfin, démonstration par l'absurde, évoquons les sujets « guéris » plusieurs fois qui, après avoir essayé la palette des psychothérapies (y compris la branche « d'inspiration psychanalytique »), se retrouvent au moindre souffle contraire embarrassés d'une réussite seulement cosmétique dont ils mesurent brutalement la vanité.

Certes, un psychanalyste ne reçoit pas que des analysants, il reçoit quiconque s'adresse à lui, et ce n'est pas le fait de s'adresser à lui qui transforme ce quiconque en analysant, qu'il y ait demande explicite d'analyse ou, *a contrario*, de non analyse. Dans l'éventail considérable de ceux qui viennent voir régulièrement un analyste mais qui ne font pas une psychanalyse, il y a des patients de passage et d'autres moins nomades, mais dans aucun cas un analyste ne saurait prétendre être, à l'égard des uns comme des autres, un psychothérapeute, un guérisseur d'âme. Sans doute, et souvent plus efficacement qu'aucun autre, un psychanalyste est en mesure d'aider tel patient à sortir d'un cauchemar, mais c'est justement par une action antinomique au désir de guérir. Freud lui-même a témoigné de ce qu'il n'était devenu psychanalyste qu'en renonçant à cette ambition. Un psychanalyste s'appuiera ainsi sur ce qui fait le fil de sa pratique : un *impouvoir actif* au moyen duquel il signifie au sujet qu'il reçoit que son idéal de guérison est une des ruses du surmoi qui lui enjoint de guérir de la vie et en particulier de guérir du sexe. Sexe est ici à entendre non dans la dimension d'une pansexualité, car il peut aussi bien se découvrir dans une ascèse mystique, mais en tant qu'ouverture à l'être pulsionnel et à l'altérité du partenaire. De cette façon, le non-analysant lui-même peut, dans son expérience avec un analyste, devenir sensible à l'idée de faire une analyse, mais même quand ce n'est pas le cas il devient sensible à ceci que, selon le vœu de Hölderlin[1], ce qui m'aide est le défaut de Dieu, et que la sexualité n'a lieu que comme ratage de la fusion sexuelle.

Soyons plus précis. La pratique du psychanalyste, qu'elle s'exerce avec un analysant ou avec un patient de passage, repose sur des principes identiques.

Alors que la psychothérapie est fondée sur la suggestion, c'est-à-dire sur une certaine instrumentalisation, souvent inavouée d'ailleurs, du transfert, une psychanalyse, tout en n'étant envisageable que dans la mesure où ce transfert a lieu, a pour fin d'obtenir une résolution de ce transfert. Cette résolution n'est pas le rejet du psychanalyste, mais veut dire que le sujet analysant se sépare du couple analysant-analyste. Sans ce franchissement – résultat d'un long travail au terme duquel le sujet analysant a au moins entraperçu le point de collage par lequel il était agi dans le fantasme de l'Autre (la mère, le père, le ou la partenaire, etc.) – aucune résolution n'est possible, sinon par un passage à l'acte où l'analysant se perd comme sujet. En somme, ce qui est en jeu dans une psychanalyse, c'est la découverte de l'envers du transfert.

Dans cette aventure, il y a donc bien deux faces : celle où l'analysant assume son être générationnel (fils ou fille de...) en soldant ainsi sa dette à l'égard du parental, et celle de son être de symptôme, par lequel il se soustrait à ce déterminisme symbolique, à condition d'avoir appris à lire ce symptôme. Il est vrai que lorsque l'être générationnel est rejeté ou forclos, comme c'est le cas dans une psychose, la tâche analysante est plus rude dans la mesure où elle doit de surcroît inscrire le sujet dans une filiation. Dans tous les cas cependant, le sujet doit se détacher du fantasme par lequel il s'est protégé d'un rapport sexuel qui l'annihilerait dans l'Autre, au prix d'une soumission sans réserve à la loi qu'il impute à celui-ci, celle de la castration. De son côté, l'être de symptôme témoigne que le sexuel non seulement n'est pas de l'ordre de la fusion de l'un dans l'Autre, mais qu'il est foncièrement ratage.

Ajoutons une remarque qui devrait mettre un point final à la question (la psychanalyse est-elle une psychothérapie ?). Il ne s'agit pas, dans une analyse, de déconditionner le sujet de sa subordination à l'Autre parental et à ceux qui en ont pris le relais (armée, Église, État, entreprise, etc.). Qu'il y ait du conditionnement, certes, mais l'essentiel n'est pas là. L'essentiel est que, dans cette phase primaire d'incorporation du symbolique (le langage) par le corps biologique, une grammaire des pulsions s'est constituée. Explicitons cette grammaire : elle se constitue dans la polarité passif/actif (être vu ou voir, par exemple, dans la pulsion scopique) et s'ordonne autour des quatre objets prélevés dans ce que l'Autre (en général parental) présente dans sa demande ou son désir, soit le sein, l'excrément, le regard et la voix. C'est ainsi que s'expliquent, entre autres, le suçotement de Dora, la constipation de l'homme aux loups ou la sonorisation du regard chez le président Schreber. Or ces pulsions ne sont pas du pur psychique. Elles sont à la limite du somatique : avidité orale ou anorexie, rétention ou profusion anale, dépendance au regard, à la voix, etc. Tout cela qui forge le positionnement matriciel du sujet dans ses relations aux autres, ce n'est pas un déconditionnement qui peut le défaire (puisque ce n'est pas le fait d'un conditionnement), mais une déconstruction des identifications.

Peut-être s'étonnera-t-on, dans un siècle ou dans un millénaire, de l'obscurantisme tragi-comique de ce qui nous est aujourd'hui présenté comme le « moderne » dépassant l'« ancien » : idéologies cognitivistes, comportementalistes, génétiques, qui empruntent à de vraies sciences (neurosciences et génétique) le socle qu'elles dévoient pour habiller des opinions et des techniques plus que désuètes (hypnose ou phrénologie). Chacun ici bâtit sa théorie pour l'accorder à son impasse subjective et la justifier.

Citons pour finir l'avertissement lacanien : « Il est certain que se coltiner la misère, comme vous dites, c'est entrer dans le discours qui la conditionne, ne serait-ce qu'au titre d'y protester. Au reste les psychos, quels qu'ils soient, qui s'emploient à votre supposé coltinage, n'ont pas à protester, mais à collaborer[2]. » Ces propos ont souvent été entendus comme une condamnation des pratiques sociales de soin psychique et l'appel à une ségrégation qui enfermerait la psychanalyse dans le ghetto d'une pratique quasi sacerdotale et indifférente au mondain. Ce n'est pas ce que dit Lacan ni ce qu'il appelle de ses vœux. Ce qu'il exprime en effet par ce constat, c'est que *toute dénonciation* perfectionne ce qui est dénoncé, en l'occurrence ici le discours capitaliste, alors que la psychanalyse ne préserve sa singularité qu'en renonçant à dénoncer pour permettre l'émergence d'une énonciation qui rende inopérant ce discours capitaliste. L'inanité de ce discours ne peut se prouver que par une interprétation montrant que sa reproduction dépend d'une économie de jouissance accréditant l'idée d'une mécanique selon laquelle il suffit de devenir capitaliste pour jouir. C'est pourquoi nul psychanalyste ne saurait se désintéresser de ce qui se passe dans ce qu'on appelle les institutions (de l'hôpital aux sociétés de psychanalyse), parce que les exclus que ces institutions engendrent pour ensuite les « soigner » sont d'abord les inclus de cette mécanique dont ils deviendront les rebuts, à moins qu'ils aient été irrémédiablement fixés comme rouages de cette mécanique. De ce point de vue d'ailleurs, le psychanalyste lui-même est un rebut, rebut d'une économie de jouissance qui repose sur le fantasme d'un paradis, et à ce titre il n'est pas si mal placé pour indiquer *(deuten)* aux damnés de la terre comme du ciel que leur condamnation les sépare d'un lieu qui n'existe pas. Sans doute, ce rebut sait qu'il n'est pas en mesure de multiplier les petits pains, mais il est opportun de lui demander raison de son rapport au politique et à la politique.

L'affaire 52

La conjoncture maintenant. En 2003, le docteur Accoyer, député de l'UMP, fait voter par l'Assemblée nationale, on l'a vu, un amendement qui réglemente l'exercice de la psychothérapie. Ce qui a fait de l'amendement Accoyer un événement, c'est la question que la lecture et l'interprétation de ce texte ont posée. Concernait-il la pratique psychanalytique ? Si ce n'était pas le cas, passons. Si c'était le cas ou si ça risquait de l'être, cet amendement programmait l'extinction de la psychanalyse. La raison en est simple : la psychanalyse n'est pas une psychothérapie. Nous l'avons vu : en rejetant l'hypnose, Freud, dans l'acte constituant de la psychanalyse, s'est détourné de la psychothérapie. Peu importe si la suggestion énonce, comme c'est le plus souvent le cas : ne vous laissez pas suggestionner et pensez par vous-même. C'est une chose de le dire, autre chose de l'obtenir. En réalité, la *liberté* qu'on veut ainsi imposer au suggestionné ne fera qu'accroître son asservissement envers celui ou celle qui la lui offre. La psychanalyse, au contraire, est l'expérience d'une persévérance grâce à laquelle le sujet s'extrait de l'hypnose insue qui le paralysait dans son bonheur comme dans sa souffrance. C'est ce soulagement qu'on appellera si l'on veut « effet thérapeutique » (qui ne doit rien ni à la suggestion ni à la contre-suggestion). Guérir est un terme très ambigu, car sa signification principale est que les choses reviennent (ou viennent) dans l'ordre. Retour donc à la normalisation. On peut guérir en réglant sa conduite sur un groupe, à l'inverse donc de la finalité d'une psychanalyse qui est, à cet égard, de permettre « un lien social débarrassé des obscénités de groupe » (Lacan, 1972). Ce qui implique que le sujet ait cessé, au terme de son analyse, de jouir du pouvoir – de celui qu'il exerce mais aussi de celui auquel il se soumet, parce qu'il le confond avec une cause. Ne mésestimons pas ceci : *il est sûr que les psychanalystes ne sont pas en tout temps et en tout lieu au clair avec cela.* On peut certes fantasmer une psychanalyse courte ou bien huilée. Ce n'est jamais le cas. La psychanalyse n'existe qu'à la condition de ne pas oublier en quoi elle fait coupure civilisatrice dans le mode d'agrégation humaine. Si elle y réussit, elle peut alors permettre au sujet qui s'y est engagé de se séparer de son automaticité à l'obéissance, mais aussi de sa propension à faire de sa vérité subjective l'alibi des mauvais coups qu'il porte à l'autre… en toute innocence. Là-dessus l'article que Freud consacre à Dostoïevski est indépassable[3].

Il y a cependant quelque espoir à puiser dans le simple constat que la réaction des analystes à l'amendement Accoyer n'a pas été unanimement favorable, ce qui a conduit le Sénat à envisager un autre dispositif de loi. Remarquons que la variété des réactions des analystes ne reflète pas exactement l'opposition entre les deux options théoriques majeures : orthodoxes de l'Internationale d'une part, élèves de Lacan d'autre part[4]. Peut-être bien parce qu'un académisme lacanien est en voie de constitution. Il y a ceux qui ont fermé les yeux – est-ce parce qu'ils pensent le désir du psychanalyste indestructible ou la psychanalyse immortelle ? Il y a ceux qui sont décidés à défendre la spécificité de la psychanalyse – fallait-il alors demander le retrait pur et simple de l'amendement ou admettre une législation qui reconnaîtrait aux associations de psychanalyse cette capacité de garantir la formation des psychanalystes ? Il y a enfin ceux qui, tout en défendant apparemment le grand principe d'une non-réglementation de la psychanalyse par l'État, sont tentés par l'avantage qu'ils pourraient retirer d'une situation où la psychanalyse serait intégrée dans le marché des psychothérapies régulé par l'État[5].

On sait que, de péripétie en péripétie, l'Assemblée nationale a fini par voter, en août 2004, la loi de santé mentale dont l'article 52, après maintes tergiversations, reprend l'esprit de l'amendement Accoyer, à savoir une réglementation de la psychothérapie dans laquelle les psychanalystes sont concernés pour autant qu'ils ne veulent pas s'exclure de ladite psychothérapie, mais aussi pour autant que la loi, leur offrant une dispense dans l'inscription comme psychothérapeutes, les considère *de facto* comme psychothérapeutes ! Au décours de ce débat, une constante a été maintenue : « Sont dispensés de l'inscription [au registre national des psychothérapeutes] les titulaires du diplôme de docteur en médecine, les psychologues titulaires d'un diplôme d'État, les psychanalystes régulièrement enregistrés sur les annuaires de leurs associations. » Face à cet article, les associations de psychanalyse se sont réparties en trois réponses : 1) celle du Groupe dit de contact, dans lequel se retrouvent les dirigeants d'associations qui comptent parmi les plus importantes numériquement et qui, avec des nuances diverses, se rangent à ce décret. 2) L'École de la cause freudienne, qui a choisi un moment de proposer un amendement (non retenu) portant création d'un « Conseil national des pratiques thérapeutiques relatives au psychisme ». Certes, dans cet amendement, le collège des psychothérapeutes est distinct de celui des psychanalystes, mais outre que l'intitulé est une paraphrase diluée de « psychothérapie », la prérogative accordée au Conseil de délivrer aux associations [y compris de psychanalyse] des « recommandations relatives aux procédures déontologiques qu'elles mettent en œuvre » laisse pour le moins perplexe. 3) Les psychanalystes appartenant à diverses associations, ou hors associations, qui se prononcent, à l'initiative du Manifeste pour la psychanalyse, du Front du refus et d'autres, contre tout amendement qui viserait à réglementer étatiquement la psychanalyse.

Revenons sur le problème de la formation des psychanalystes ou plutôt, parce que le terme même de « formation » est contestable, le problème du passage à l'analyste. Actuellement, quelles que soient les divergences dans les associations de psychanalyse, c'est en principe à partir de la cure que se juge le passage de l'analysant à l'analyste. Sans doute, à une extrémité de cet éventail, a-t-on le cas de l'analysant qui doit demander et obtenir l'autorisation d'une instance hiérarchique de l'association à laquelle il appartient pour pouvoir se dire psychanalyste et, à l'autre extrémité, le plein exercice du «s'autoriser de lui-même» qui cependant est régulièrement associé à l'avis de «quelques autres». Il faut ensuite distinguer deux occurrences: 1) un psychanalyste n'est pas tenu d'appartenir à une association ; il est difficile d'évaluer le nombre des non-associés, mais il n'est pas négligeable ; 2) s'il appartient à une association, il figurera sur une liste, mais pas forcément avec la mention « psychanalyste», car la possibilité d'user de cette mention est le plus souvent l'objet d'une sélection. Il y a d'autre part des titres qui en général indiquent que l'association se porte garante de la « formation» du psychanalyste en question. De ce fait, à l'intérieur même de certaines associations, les « jeunes» psychanalystes peuvent attendre plusieurs années pour être reconnus, tandis que d'autres n'obtiennent jamais cette reconnaissance. Ajoutons que cette sélection n'est malheureusement pas toujours fondée sur des raisons psychanalytiques. En conclusion, il ne serait pas étonnant que plus de la moitié des psychanalystes ne figurent pas sur les listes d'associations, et pour ceux qui y figurent, ils sont quelquefois plus conformes aux attentes de leur hiérarchie qu'aux exigences de l'acte analytique. On pourrait alors suggérer aux associations de psychanalyse de revoir leurs listes en fonction de la nouvelle situation, mais ce serait bien pire : un forçage qui aurait tôt fait de faire passer les considérations institutionnelles de bonne conformité au-dessus d'une prise en compte de l'enjeu psychanalytique. Compte tenu d'ailleurs de la nette tendance qu'ont certaines associations de psychanalyse de fonctionner au « centralisme démocratique », on ne sait ce qui sera plus à craindre, de l'État ou des psychanalystes eux-mêmes.

Cependant, il existe un autre écueil. Si la présence d'un psychanalyste sur une telle liste suffit à lui permettre l'usage du titre de psychothérapeute, c'est bien parce que les associations de psychanalyse se trouvent intégrées, comme associations privées, dans le système diplômant à partir duquel sera constitué le fichier national des psychothérapeutes. Sans doute, tel ou tel « jeune » psychanalyste non médecin et non psychologue, à condition d'être inscrit sur une liste, pourra-t-il postuler dans le public un emploi de psychothérapeute[6]. Maigre et seul avantage, surtout si la rançon en est d'effacer le mot « psychanalyste » de la carte du public, car la loi repose sur un syllogisme imparable : X est psychanalyste. Tout psychanalyste est psychothérapeute. Donc X est psychothérapeute. On ne peut s'accorder sur la conclusion sans accepter la seconde prémisse.

Enfin, la conséquence la plus révélatrice est que l'adoption de cette loi renforce considérablement le poids institutionnel des associations de psychanalyse et leur propension à formater les psychanalystes au gré de leurs ambitions territoriales. Cette ambition, si elle vise la psychanalyse en extension, est préjudiciable à la psychanalyse en intension, sachant que la psychanalyse en extension concerne la place de la psychanalyse dans la culture et que la psychanalyse en intension se rapporte à la finalité de la cure et au passage psychanalysant/psychanalyste. Ce fut du reste le combat de Freud pour une psychanalyse profane, comme celui de Lacan, contre la SAMCDA[7] de l'IPA, mais aussi pour un « d'écolage[8] » au moment de la dissolution de l'École freudienne de Paris en 1980 : préserver la psychanalyse de l'institution, pour laisser sa chance à ce que vise la fin d'une analyse : la destitution subjective, qui n'est pas la soumission aux chefs mais la reconnaissance que le savoir n'est pas dans le sujet : il est dans le symptôme qui le supporte. Or l'intervention de l'État, si indirecte et minime qu'elle soit, donne consistance à cette institutionnalisation, comme une goutte de moutarde fait monter une mayonnaise. D'ailleurs, avant même que la loi ne soit votée, les effets pernicieux ou cocasses de l'amendement ne se sont pas fait attendre, puisqu'on discutait déjà de savoir à quelle filiation on devrait se référer pour sélectionner les associations de psychanalyse habilitées puis habilitantes. À supposer que cette sélection soit nécessaire, on ne peut garantir (ni maudire) très bibliquement le fils ou la fille à partir des ancêtres, fussent-ils Freud et Lacan, dont ils sont issus. Ce qui signifie en clair : on n'en saura pas plus une fois effectuée cette sélection, puisque rien n'empêche un psychanalyste dûment inscrit sur les fameuses listes de fonder une secte… psychothérapeutique de surcroît.

Ainsi, à quelle solution recourir sinon à celle qui consisterait à faire confiance aux associations de psychanalyse dans la société civile, à l'exclusion de l'État. Quant aux psychanalystes hors association, dont le statut après tout est homologue à celui des artistes, on peut regretter leur phobie ou justifier leur réserve à l'encontre de l'institution. Mais d'une part, ces psychanalystes ne sont pas sans liens, au contraire souvent nombreux, avec des psychanalystes associés, dans les lieux de travail et de contrôle innombrables qu'offrent les fraternités analytiques. Et d'autre part, c'est aux associations à faire en sorte que leur offre de fonctionnement serve le discours psychanalytique (« la psychanalyse au chef de la politique[9] ») et ne soit pas marquée du sceau du management capitaliste, de l'habitus ecclésiastique, du sectarisme pyramidal, ou de la bienséance corporatiste. C'est en maintenant et en développant dans la société civile des procédures associatives de contrôle séparées des enjeux de pouvoir que la psychanalyse pourra persister à être, pour chacun, chance d'insurrection. Au contraire, une garantie par l'État mise à la disposition des associations ne servirait qu'à faire flamber ces enjeux de pouvoir. On ne sache pas d'ailleurs que la fameuse « protection du public » soit moindre dans le champ de la pratique analytique. Plutôt faudrait-il se soucier de la protection du public qui n'a pas accès à la psychanalyse !

Enfin, les psychanalystes qui ont peu ou pas manifesté contre cette loi seraient bien avisés d'observer ce qu'est devenue la psychanalyse dans les pays européens où ce type de réglementation étatique a été ou est mis en place : Allemagne, Grande-Bretagne, Italie. Ce n'est d'ailleurs qu'un début : en Grande-Bretagne par exemple on discute actuellement de procédures de surveillance de ce qui se passe dans la cure, qui exigeraient, pourquoi pas, du psychanalyste, qu'il note le transfert de son analysant sur dix et communique la note aux experts nommés par le gouvernement !

Le passage au psychanalyste

Faut-il ou non que la législation dise, si peu que ce soit, sur la psychanalyse, ou la psychanalyse est-elle foncièrement en antipathie avec toute juridiction ? C'est un problème d'autant plus décisif[10] qu'il a, selon la solution adoptée, une conséquence irréversible sur le concept même de la psychanalyse, sur sa transmission, sur son intransmissibilité, sur la définition du désir de l'analyste[11], sur la finalité même d'une psychanalyse, sur le passage enfin au psychanalyste. Concernant ce dernier point, Lacan a défendu le principe selon lequel le psychanalyste s'autorise de lui-même. Ce principe vaut pour le psychanalyste dans sa pratique, c'est-à-dire une fois qu'il est déjà psychanalyste. On aurait cependant affaire à une piètre autorisation si ce principe ne valait qu'une fois ce passage effectué et ne valait pas pour ce passage lui-même. La question est alors : quand, comment et pourquoi un analysant s'autorise-t-il à passer à l'analyste (persévérant souvent, dans sa propre analyse, comme analysant) ? C'est donc à l'analysant de faire le pas d'assumer la place de l'analyste, et de le faire sans aucun recours à une autorité, car dans ce cas le pas serait annulé puisqu'il serait effectué sous autorisation de l'Autre. Du coup, comment s'assurer, si c'est possible, de l'authenticité de ce franchissement ? Question d'autant plus difficile que ce passage étant, pour chacun, absolument singulier, il n'en existe aucun concept qui permettrait, appliqué à la réalité du passage, de le valider ou pas.

Pour répondre à cette question, Lacan a inventé la passe en 1967. La passe est un dispositif distinct de la cure, car elle nécessite le support d'une association, dans sa dimension d'école. Le processus est le suivant : il y a un passant, c'est-à-dire un analysant désireux de faire l'expérience de la passe ; deux passeurs, c'est-à-dire deux analysants désignés par un analyste parmi ses analysants, cet analyste estimant que l'analysant qu'il désigne comme passeur en est à un moment de sa propre cure qui le rend apte à cette tâche ; un cartel ou jury, soit un collectif d'analystes et d'analysants choisis selon des critères variant d'une association à l'autre. Le passant porte le témoignage de sa psychanalyse devant chacun des deux passeurs et soutient sa décision de s'autoriser comme analyste.

Les deux passeurs exposent alors au cartel ce qu'ils ont retenu du témoignage du passant, hors de sa présence. Enfin le cartel, après débat, nomme ou non le passant « analyste de l'École ». Notons que l'analyste du passant ne fait pas partie du jury ou cartel.

On peut, et on l'a fait, critiquer la pertinence de cette procédure, mais il est étonnant que, dans le débat pourtant nourri qui a eu lieu, la passe n'ait pas été évoquée, alors qu'elle est explicitement le moyen psychanalytique de porter un jugement sur la validité de l'acte par lequel un analysant s'est autorisé à passer à l'analyste. Ajoutons que ce qui distingue ce jugement de toute fonction diplômante tient au fait qu'un jugement négatif ne signifie pas que le passant qui n'aurait pas été nommé « analyste de l'École » et qui néanmoins décide de devenir analyste s'est autorisé abusivement à ce passage. Ce n'est pas parce que quelqu'un ne rit pas à un mot d'esprit que celui-ci n'en est pas un. On sait d'ailleurs que plus le mot d'esprit est subtil, plus le cercle des rieurs se restreint. La passe en effet, et c'est en quoi elle est psychanalytique, ne situe pas le jury en position pontificale et l'évolution même de l'expérience, depuis quarante ans, indique que les modalités de jugement ont varié avec le savoir psychanalytique lui-même[12]. N'est-ce pas alors un devoir d'informer le public sur une expérience novatrice qui concerne la façon dont une partie des analystes peut traiter le problème du passage à l'analyste ? En 1973, Lacan avait même songé à promouvoir en Italie une école dont les membres auraient été sélectionnés à partir de la passe. Si ce projet n'a pas eu de suite, il témoigne au moins de l'extrême attention que Lacan accordait à une appréciation intrinsèquement psychanalytique du passage à l'analyste.

Certes, la passe n'est pas une panacée. 1) Elle ne peut être rendue obligatoire. 2) Elle conduit, en tout cas jusqu'à maintenant, à une sélection très restrictive. 3) Elle n'est adoptée que par une partie des associations de psychanalyse[13]. Pour cette dernière objection, il reste que toutes les associations, sans exception nous semble-t-il, considèrent que le passage de l'analysant à l'analyste est une affaire qui se juge dans la cure ou à partir de la cure, que nul enseignement pratique ou théorique ne peut s'y substituer et que nul diplôme ne peut en juger. La procédure de la passe ne saurait être confondue avec une procédure d'habilitation du psychanalyste adaptée à la spécificité de la psychanalyse, homologue d'un examen de passage. Pas plus qu'une cure, la passe ne peut prétendre abolir le hasard et éliminer les aléas dont la prise en compte fonde la révolution freudienne, à l'encontre des idéaux de contrôle total, de programmation infaillible et de risque zéro qui visent à transformer l'histoire en stage de management et provoquent le retour dans le réel, sous une forme violente, de ce qu'on aurait pu, sinon, entendre comme message de l'écart irréductible entre symbolique et réel.

Cela est rappelé moins pour signifier banalement la faillibilité propre à toute entreprise humaine que pour souligner que l'occupation de la place de sujet, pour un analysant, implique qu'il en assume la responsabilité. Dès lors, une association de psychanalyse garantit la formation, non les formés. Ce qui veut dire : elle a des psychanalystes capables de conduire une psychanalyse à sa fin ; elle a des psychanalystes capables d'entendre les psychanalystes qui désirent effectuer un contrôle ; elle a un ensemble d'instances par lesquelles le savoir psychanalytique peut se transmettre. Elle a, ou plutôt elle devrait avoir, un rapport à la théorie qui est de régénération, car la généralité de la théorie, aussi pertinente soit-elle, est toujours en défaut au regard de la singularité renouvelée de l'expérience qu'elle permet. Aucun observateur sérieux et impartial ne peut manquer de faire ce constat que les associations de psychanalyse existantes sont, quelle que soit la réserve qu'on puisse faire sur le dernier point mentionné, d'une exigence maximaliste.

Ce débat est au cœur des enjeux de civilisation bien que, quantitativement parlant, l'audience de la psychanalyse puisse sembler infime, en dehors de quelques pays dont le nôtre et les pays hispanophones. Qualitativement, cependant, ce débat comporte un enjeu de civilisation assez crucial pour nous concerner tous. La psychanalyse est une pratique qui contribue à traiter le malaise dans la civilisation, non seulement au un par un d'une expérience mais en intervenant dans un tissage nouveau du lien social.

Il y a dans le passage de l'analysant au psychanalyste une dimension de pari. Mais ce pari ne va pas dans le sens d'accroître l'incertitude du résultat, pour une raison qui est propre à la psychanalyse, à savoir que son efficience tient en ceci que les « formés » atteignent toujours à mieux que ce que la « formation » pouvait leur laisser espérer, à condition que la cure ne soit pas une initiation stérilisante. Freud, Lacan, d'autres sont irremplaçables – étaient-ils pour autant les seuls, ou meilleurs analystes que d'autres qui n'ont pas leur place éminente dans l'histoire de la psychanalyse ? Allez savoir. Quand on examine les comptes rendus de cas de Freud (Dora, Hans, l'homme aux rats, l'homme aux loups, la jeune homosexuelle), on se dit que les analyses en question ne sont pas des réussites éclatantes, la moins ratée étant peut-être celle de Hans. On peut se dire aussi que c'est le génie de Freud d'avoir fait avancer la psychanalyse à partir de ses relatifs échecs cliniques et que les cures heureuses n'ont pas d'histoire. Mais de façon plus subtile, il faut se demander si les résultats d'une cure sont à juger seulement au niveau de l'analysant-analysé. Certes, c'est là l'essentiel, et des enseignements tirés notamment de l'expérience de la passe pourraient apporter la preuve que la satisfaction d'un sujet analysé n'a rien à voir avec un masquage provisoire d'un symptôme. Mais au-delà, une évaluation pertinente devrait prendre en compte trois générations : celle des analystes ; celle des analystes formés par eux ; enfin celle des analysés par ces derniers. C'est là qu'on pourrait faire la part d'un soulagement du sujet (bienvenu, souhaitable mais insuffisant) et de l'insémination dans la société d'une relation grâce à laquelle l'autre reste autre, irréductiblement, tout en étant entendu comme sujet. Un dernier mot : la révolution freudienne a pour conséquence de mettre en valeur que l'Analyste, avec un article défini et une majuscule – le maître qui garantirait le succès de son opération, saurait par avance la nature de ce succès et pourrait en prévoir la programmation –, n'existe pas. Cette inexistence est même la condition pour qu'une psychanalyse aille à sa fin, en obtenant que le sujet trouve sa satisfaction de ce défaut même. Aussi bien ne s'agit-il pas de chercher l'introuvable Analyste, mais de s'assurer qu'« il y a de l'analyste » chez tel ou telle assumant d'être l'agent d'une pratique qui n'a pas de précédent, pas plus que l'écriture n'en avait avant d'être inventée.

Le savoir du psychanalyste

Quiconque sait, sans avoir lu Freud ou Lacan, qu'on peut domestiquer une langue (on l'a remarqué déjà avec les nazis, mais aujourd'hui le mot « social », par exemple, est devenu l'emblème de tout ce qui contribue à défaire le tissu du même nom). On ne voit donc pas pourquoi il en irait autrement de la langue psychanalytique, c'est-à-dire la langue censée articuler le savoir qu'on prête à la psychanalyse : qu'il y ait des pensées inconscientes, que l'Œdipe existe, que le rêve a un sens, etc. Ce savoir, comme tout savoir, prétend à la vérité, mais on voit bien que la vérité du sujet reste toujours à découvrir dans sa forme concrète et singulière, et que le savoir psychanalytique ne saurait le dispenser de l'expérience nécessaire à cette découverte.

Cette distinction entre savoir et vérité est décisive, non seulement pour déterminer le statut du savoir en psychanalyse, notamment son rapport à la science, mais pour éclairer de nouveau la singularité de l'expérience analytique : elle parie tout sur la vérité de l'analysant, celle qu'il découvre en reconstruisant son histoire, et rien sur le savoir du psychanalyste, si ce n'est celui de savoir tenir la place qui n'empiète pas sur ce déploiement de la vérité. Quand cette vérité a été établie, quand elle donne lieu à une évidence comparable à celle du « je suis » cartésien, elle réalise du même coup qu'elle ne saurait dire le tout du sujet. l'acte par lequel le sujet dit cette vérité échappe à celle-ci. Le sujet se découvre alors comme n'étant pas réductible au produit de ce déterminisme historique qu'il a fini de reconstituer.

Nous avons posé une différence entre le patient qui s'adresse à un analyste et l'analysant qui fait une analyse. Cette différence ne tient pas au contenu des séances, mais au fait que seul l'analysant s'inscrit dans la perspective d'une fin intrinsèque à sa cure. Une psychanalyse en effet a une fin, ou du moins peut avoir une fin. Cette restriction veut dire que la fin n'est pas le constat d'une terminaison, qui a lieu bien entendu dans tous les cas. Fin veut dire qu'il y a, au terme de la longue traversée que constitue l'expérience analytique, un dernier pas libérateur, un franchissement ultime, après lequel rien n'est comme avant. Rien de tel n'est pensable dans une psychothérapie qui, au mieux, se contente d'un soulagement du symptôme. La conception même du symptôme est d'ailleurs en cause dans l'opposition psychanalyse/psychothérapie. Dans celle-ci, le symptôme est appréhendé dans son incidence pathologique, c'est-à-dire au niveau de la jouissance qui l'alimente et qu'il alimente. Tout autre est la place du symptôme dans la psychanalyse, puisqu'il est appréhendé comme le marqueur de l'impossible du rapport sexuel. Faut-il évoquer Alphonse Allais ou Charles Baudelaire comme autorités pour admettre l'impossibilité du rapport sexuel ? Freud suffira qui, dès son début, a abordé la sexualité humaine comme effet d'une perte d'objet. Disons, pour faire court, que *nul ne peut jouir à la place du corps de son partenaire*. Disons encore, pour être un peu moins laconique, que le symptôme s'inscrit en faux contre une sexualité emprisonnée dans une obligation de fusion qui aboutirait à reconstituer l'androgyne prétendument originaire. À l'inverse, la sexualité est l'apprentissage de l'altérité, le symptôme étant ce qui le rappelle à celui ou celle qui s'obstine à ne pas vouloir le savoir. Ainsi par exemple l'éjaculation précoce, par laquelle le partenaire masculin s'identifie à sa partenaire, marque-t-elle un essai pour pallier cette non-identité entre la jouissance de son corps masculin et la jouissance du corps féminin de cette partenaire. Or dans ce cas, l'échec de cet essai témoigne du fait qu'il n'y a pas de conjonction sexuelle. l'éjaculation précoce insatisfait au contraire la partenaire, peut-être pour lui signifier cet incommensurable. De même, dans la frigidité, l'identification de la femme au phallus tumescent signifie bien le vœu d'un homme dont l'érection ne cesserait jamais. Là encore, aucune jouissance de fusion n'est possible.

Le symptôme analytique se révèle donc comme ce qui, originairement, présentifie le refus du sujet d'être dicté et joui par l'Autre (maternel d'abord) dans une relation où son être de sujet serait annihilé.

Le symptôme sait qu'il n'y a pas de rapport sexuel, au sens d'une complémentation des sexes. l'enjeu d'une psychanalyse n'est donc pas d'éradiquer le symptôme, mais de démonter le fantasme qui en pervertit le sens en faisant accroire au sujet qu'il est coupable de jouir et criminel d'être satisfait. Dès lors, si dans le cours d'une cure un symptôme est dissous, cette dissolution n'est pas une disparition pure et simple mais une recomposition formelle qui signe un nouveau pas dans le processus de séparation de l'Autre. C'est ce qui a été indiqué plus haut avec la distinction entre l'être générationnel du sujet qu'il s'agit d'assumer sans s'y réduire, et l'être de symptôme auquel il s'agit de s'identifier sans en pâtir. Freud n'a pas pu voir aussi loin, quoique sans lui cet horizon n'aurait pu même être soupçonné. On ne peut pas dire en effet que les cures dont il a fait le compte rendu aient été conduites à leur fin, et il faut attendre les dernières années de sa vie pour qu'il couche sur papier le questionnement concernant cette exigence d'une fin qui soit une authentique mutation. Lacan a relevé le défi de ce nouvel enjeu, justement en se démarquant de l'orthodoxie néofreudienne qui organisait une adaptation par *coaching* de l'analysant aux impératifs d'une société marchandisée. C'est parce que cet enjeu de la fin devint de plus en plus décisif que Lacan aura recours à la topologie qui, comme le langage mathématique pour Galilée, va lui permettre d'entendre la langue du réel telle qu'elle s'impose dès lors que la question de la fin est posée : un passage où les concepts de coupure et de retournement prennent une place centrale. Coupure qui détache le sujet de la jouissance de l'Autre, retournement du fantasme grâce auquel le sujet consent à ne plus être l'objet qui alimentait la jouissance de celui-ci. C'est qu'il s'agit de penser, au terme de l'expérience analytique, non le résultat d'une longue agonie du symptôme, ou d'un arasement fatigué du fantasme dans lequel le sujet abrite son économie de jouissance, mais une véritable discontinuité. Ce qu'on peut dire de celle-ci, c'est qu'elle procède d'une opération *par* et *sur* le transfert. Le transfert analytique est à la fois, comme Freud l'avait souligné, condition *sine qua non* d'une psychanalyse et obstacle à ce qu'elle se finisse. Or le transfert n'est pas à juger à l'aune de la répétition. Il met en jeu ce qui, de l'inconscient, est déchiffrable à partir de l'actualisation de son noyau sexuel, dans la relation avec l'analyste. Non pas que toute analysant(e) se prenne d'amour pour son psychanalyste, encore que cette possibilité existe, mais que tout analysant, pour que l'expérience ne soit pas stérile, doit faire l'épreuve d'un faire couple avec son analyste – c'est le sens du « par » –, pour enfin se découpler – c'est le sens du « sur ». Ce transfert, Lacan va jusqu'à le dire « transcendant », dans un sens qui pourrait faire résonner la dimension mystique de l'expérience s'il ne s'agissait, au bout du compte, que d'accepter simplement d'aimer sans subordonner l'amour au couplage. C'est d'ailleurs, là encore, le recours à la topologie qui guide Lacan : la propriété borroméenne est celle qui permet de nouer un élément à un autre non pas directement, c'est-à-dire par couplage, mais en passant par un troisième.

On peut constater que les associations de psychanalyse ont très peu d'échanges épistémiques entre elles. C'est une réalité à déplorer, très différente de ce qui se passait à l'époque où la plupart des psychanalystes qui contribuaient à l'essor théorique de la psychanalyse participaient au même débat, n'hésitant pas d'ailleurs à se démarquer de Freud comme dans la célèbre « querelle du phallus » des années 1930. Aujourd'hui, il y a un savoir endogame pour chaque association : l'IPA est partagée entre des courants divers (annafreudiens, kleiniens, winnicottiens…

lacaniens) qui coexistent parallèlement ; quant à la communauté lacanienne, elle a connu après la dissolution par Lacan de l'École freudienne de Paris en 1980 une dispersion qui n'est peut-être pas terminée et qui s'est effectuée principalement sous forme de scissions. Ce n'est d'ailleurs pas cette dispersion qui est en cause, mais le fait qu'elle a conduit à ériger en règle de fidélité associative l'ignorance de ce qui s'effectue comme recherche dans les autres associations et un repli sectaire, qualifié de rigueur doctrinale d'école, sur un savoir en définitif provincial. De ce fait, des débats aux enjeux décisifs sont gelés, comme les « paroles gelées » de Rabelais.

Prenons un exemple : concernant la relation entre l'être générationnel et l'être de symptôme, on peut repérer des thèses propres à chacune des associations. Il se trouve que presque toutes ces thèses tendent actuellement à se conformer – sans le dire bien sûr car il s'agit d'influences inavouées – à une conclusion élaborée par Jacques-Alain Miller, à la fin des années 1990, à savoir que le Nom-du-Père (côté être générationnel) est un cas particulier du symptôme. Le Nom-du-Père est cet opérateur qui, en séparant le sujet de l'infinitude insaisissable du désir maternel, produit la signification phallique, c'est-à-dire permet à la langue de ne pas être compréhensible par son seul locuteur et permet aussi de ne pas succomber à un usage parolier purement métonymique comme dans certains accès maniaques. Dans la dernière partie de son enseignement, Lacan découvre que le symptôme (il l'appelle alors « sinthome ») peut suppléer à l'absence de cet opérateur. Pour autant il n'assimile pas symptôme et Nom-du-Père. Cette conclusion, en effet, ouvre la voie à la pente qui conduit à « psychothérapiser » la psychanalyse. Sans entrer dans les arcanes d'un débat ardu, nécessaire par ailleurs, on peut retenir un argument pour se faire une idée de l'enjeu et, à partir de là, s'orienter vers une solution. Si la différence radicale est gommée entre le Nom-du-Père et le symptôme, cela implique une alternative : soit 1) la distinction névrose-psychose-perversion est abolie et surtout l'exigence d'une suppléance du Nom-du-Père par le symptôme devient, paradoxalement, sans objet. Si en effet le Nom-du-Père n'est rien de spécifique par rapport au symptôme, à quoi bon y suppléer quand il est, dans la psychose, forclos ? On irait, à partir de là, jusqu'à exclure la prise en considération des conséquences et des exigences qui découlent du fait qu'il existe pour chaque être humain une filiation et qu'il existe une différence sexuelle, que l'on soit hétéro, gay, lesbienne, travesti ou transsexuel. Soit 2) (version, disons « réactionnaire ») le symptôme ne serait qu'un mode général du Nom-du-Père et, du coup, la séparation par rapport au Nom-du-Père, qui signifie que le sujet ne se réduit pas à être « fils ou fille de… », ne serait plus un critère essentiel de la fin d'une analyse. La fin consisterait alors à assumer l'être générationnel, et le symptôme ne serait plus qu'un stigmate cicatrisé des identifications parentales, et serait désactivé comme marqueur de l'impossibilité du rapport sexuel. Dans l'un et l'autre terme de l'alternative, on voit que ce qui est raté, c'est ce que nous pouvons appeler l'émancipation de la cause par rapport au déterminisme. Notons d'ailleurs que cette conception de Miller est répandue, à leur insu, chez nombre d'analystes qui haïssent Miller.

Or c'est ce point qui constitue le rapport d'inclusion externe de la psychanalyse à la science. La science voudrait s'en tenir à l'axiome du seul déterminisme. Notons qu'un immense savant comme Kurt Gödel, pourtant inventeur de l'indécidable[14], n'a jamais cédé sur son ambition de supprimer le hasard. Or la découverte psychanalytique déroge à cet axiome pour la seule raison que quand je parle, le fait que je parle ne peut être inclus et objectivé dans ce dont je parle. De ce fait, la légalité du déterminisme s'arrête devant le fait que je parle, fait qui est du côté de la cause. C'est ce qui, dans l'expérience analytique, expérience de parole, allège le sujet, c'est-à-dire le délivre corporellement (fin de la dépression et de l'angoisse pour citer les deux « mamelles » de la douleur d'exister) de son servage à l'égard du surmoi et de la culpabilité qui en dérive. À la fin, un retournement se produit : la cause s'émancipe du déterminisme. On pourrait sans doute dire que, dans le réel du présent, corrélé à l'imprévisibilité du futur, la cause a par rapport au déterminisme le même rapport que l'amour à l'impossible conjonction sexuelle. La cause supplée au déterminisme dans le moment où le réel du présent ne peut être symbolisé dans le même temps que celui dans lequel il s'énonce. Il s'agit là sans doute d'une rationalité à laquelle même la science, ou surtout la science, ne nous a pas habitués et qui est accessible, non par le concept, mais par l'expérience. On ne peut non plus rien attendre de la comptabilisation capitaliste, dont on peut mesurer dans l'actualité que sa rigueur de façade couvre des monstres que les plus nobelisés des économistes ne parviennent pas à dompter. Il faut bien admettre que c'est du côté des grands mystiques qu'on peut trouver un raisonnement en résonance avec ce qu'a découvert Freud, sous réserve de ne pas confondre religion et mystique. Une psychanalyse est une expérience originale, en ce sens que ce à quoi elle aboutit n'a de valeur que par le commencement que cette fin inaugure. Entendons Lacan : « Cette expérience est essentielle à l'isoler de la thérapeutique[15]. »

Concernant le savoir du psychanalyste, le mot de la fin est peut-être cependant ailleurs. Dans le séminaire éponyme, *Le savoir du psychanalyste* (1971-1972), Lacan avance l'idée audacieuse et subversive que le savoir du psychanalyste ne réside pas dans le fait de savoir ce qu'est une psychanalyse, ce qui est à portée des analystes qui ont fait une analyse didactique, mais dans le fait de savoir, pour un analyste, pourquoi, sachant ce qu'est une psychanalyse, il a choisi cette « aberration » de vouloir devenir analyste à son tour. Or ce savoir, souligne Lacan, n'est accessible qu'à partir de l'expérience de la passe, ou du moins d'une épreuve qui a permis à l'analysant devenu analyste de ne pas rester inféodé à l'analyste, quel qu'il soit, lui ayant rendu possible ce cheminement.

Sans doute, cette conception de la psychanalyse n'est pas la plus courante, et on se prend à rêver non d'un retour à Lacan mais d'une traversée neuve de son enseignement pour laquelle les associations de psychanalyse et les psychanalystes sans association uniraient leurs désaccords, afin que la psychanalyse ne s'invagine pas dans ce dont elle est sortie pour exister. Autrement dit, une chose est de respecter le choix associatif ou non associatif de chacun, une chose est de prendre acte des scissions ou des regroupements quand ils correspondent à un positionnement épistémique et éthique, autre chose est d'accepter une localisation étanche des savoirs qui fait que l'appartenance associative ou l'allégeance à de présumés maîtres prime sur le débat théorique. L'identification de l'auteur d'un énoncé comme moyen de juger si cet énoncé est vrai ou faux n'est pas le meilleur moyen de se servir d'une boussole.

1. « *Und keiner Waffen braucht's und keiner/Listen, so lange, bis Gottes Fehl hilft* » (Et il n'a besoin ni d'armes ni de ruses/jusqu'à l'heure où l'absence de Dieu vient à son aide), *in* « Vocation du poète ».

2. Jacques Lacan, *Télévision*, Paris, Le Seuil, 1973.

3. S. Freud, « Dostoïevski et le parricide » dans *Œuvres complètes*, PUF, 1994, Tome XVIII.

4. Cf. l'article de René Major dans *Libération* du 15 mars 2004 en réponse à l'article bien-pensant de madame Aisenstein.

5. L'Association mondiale de psychanalyse, dirigée par Jacques-Alain Miller, a en effet largement

profité de la loi italienne du 18 février 1989 sur la psychothérapie en transformant la section clinique italienne en Institut de formation psychothérapique. Ce constat n'est pas sans jeter un doute sur la radicalité du refus affiché à l'égard de toute réglementation de l'État.

6. Avec l'amendement Bachelot cependant, cette possibilité n'est plus aussi évidente, puisque l'accès à la formation qualifiante est conditionné par la détention d'un des trois diplômes en psychologie, médecine ou psychanalyse.

7. SAMCDA : société d'assistance mutuelle contre le discours analytique, selon le sigle ironique forgé par Lacan dans *Télévision*, *op. cit.*, 1978

8. On peut à bon droit se poser la question : en dissolvant l'École freudienne de Paris, Lacan ne voulait-il pas rompre avec toute École-institution, au profit d'une association minimale susceptible de « faire école » ?

9. Lacan, « Lituraterre », in *Autres écrits*, *op. cit.*, 2001.

10. Cf. G. Agamben, *État d'exception*, Paris, Le Seuil, 2003.

11. Le désir de l'analyste est le désir qui le soutient dans son acte d'analyste.

12. Cf. P. Bruno, *La passe*, Toulouse, PUM, 2003.

13. Actuellement, il existe sept associations qui pratiquent la passe avec nomination, sur plus d'une vingtaine d'associations nationales se référant à Lacan.

14. Cf. P. Cassou-Noguès, *Les démons de Gödel*, Paris, Seuil, 2007.

15. Lacan, « Proposition du 9 octobre 1967 sur le psychanalyste de l'École », *in Autres écrits*, *op. cit.*, 2001

Chapitre IV. La cité, dans la psychanalyse

L'affaire de la réglementation des psychothérapies, interprétée par beaucoup comme simple péripétie de l'ordinaire passion de contrôle étatique, nous apparaît au contraire comme symptomatique d'un mode renouvelé de l'organisation sociale. Parce que la psychanalyse ne saurait se concevoir en dehors du monde, ou plus précisément en dehors des discours qui structurent les échanges, elle ne saurait en ignorer l'organisation nouvelle. Réciproquement, parce que les mutations sociales ont des effets sur les modes de subjectivité, les tensions et conflits que la psychanalyse a toujours provoqués se déplacent ou s'amplifient. S'il est connu que la place de la psychanalyse dans la cité a toujours été problématique, il faut souligner aussi bien que la cité est questionnée par la psychanalyse. D'où le titre du présent chapitre. En sorte que la responsabilité des analystes est double : elle est déterminante pour la psychanalyse, elle importe pour la cité.

Il se trouve que la demande de réglementation a donné à voir la place nouvelle que la psychanalyse est invitée à occuper, en même temps qu'elle a révélé une difficulté des analystes à adopter une position claire pour y répondre. Pourtant on ne saurait être surpris que, comme par le passé, il s'agisse avant tout du refus de la radicalité de la pratique analytique, à travers la mise en cause de ses modalités de transmission. Rien d'étonnant à ce que l'État, qui se fonde sur la logique de la représentation, ne puisse s'accommoder de l'exception que présente la psychanalyse au regard des modalités habituelles de reconnaissance et de garantie qu'il accorde aux professions. Rien de nouveau à cet égard qui n'ait été dit par Freud à propos de la médecine lors de l'affaire Reik, et dont la pointe peut être située dans l'affirmation que « la “situation analytique” ne souffre pas de tiers[1] », donc pas de représentant d'une quelconque autorité qui soit extérieure au processus même de la cure, et qui viendrait l'authentifier et l'évaluer. La radicalité de Freud et de Lacan à cet égard a été sans défaut, et leur clairvoyance a porté bien au-delà, jusqu'à en déduire l'incompatibilité foncière de la psychanalyse avec les idéaux de l'*American way of life*.

À prendre au sérieux leurs énoncés, on ne peut se bercer d'illusions quant aux menaces qui pèsent sur la possibilité même de soutenir une pratique analytique. Si l'on veut bien considérer que, depuis le début du XXe siècle où Freud le premier fit ce constat, le modèle libéral anglo-saxon n'a cessé d'accroître son empire, comment s'étonner du fait que ce qui était incompatibilité soit devenu antinomie ?

Certains jugent cependant que la nouveauté n'est pas si grande et que l'inconfort de la pratique analytique est aussi ce qui l'assure de perdurer : nécessairement rejetée par toute organisation sociale, elle est tout aussi nécessairement confortée d'être lieu d'accueil de ce qui a été rejeté. Position en quelque sorte marginale, boiteuse, extraterritoriale de la psychanalyse, qui se soutiendrait de la protection ordinaire conférée à l'exercice libéral.

Nous dirons en quoi ce point de vue nous semble intenable, mais il suffit pour l'instant de remarquer que l'actualité récente s'est appliquée à invalider un tel espoir : c'est bien parce qu'il n'est plus question désormais de laisser librement se développer le marché des psychothérapies que la psychanalyse court le risque d'être placée sous garantie évaluatrice d'État. Car l'intervention étatique, loin de s'alléger conformément à ce que soutient le discours libéral classique, s'est massivement étendue à ce qui jadis restait du domaine privé et qui ne connaissait pas la fameuse loi du « laisser faire » qui gouverne le marché. Ce bouleversement majeur – qui est une caractéristique du néolibéralisme – inclut la sphère privée dans l'espace public et fait de la vie même des individus le réceptacle de biens ayant valeur d'échange.

C'est dans ce cadre que prend place le fait qu'il y a désormais un marché des psychothérapies, soit non seulement un marché des professions mais une bourse des valeurs « psy ». C'est dans ce nouvel espace, dans cette nouvelle variante du discours capitaliste qu'il convient de replacer la péripétie de la réglementation des psychothérapies. Il s'agit d'instaurer activement dans l'ordre marchand des pratiques d'échanges de paroles jusque-là librement contractualisées. Cela se fait au nom de la sécurité et du bien des « usagers », dans le cadre d'une nouvelle loi *de santé publique*. Dans cette nouvelle logique d'organisation d'un marché de la sécurité et de la santé, la psychanalyse, à court ou moyen terme, devient l'objet de la même sollicitude d'État.

Comment penser qu'elle pourrait y échapper ? Pour quelle raison serait-elle exemptée d'une logique de contrôle des psychothérapies ? Tout porte à penser au contraire que c'est elle, la psychanalyse, qui, du fait de la menace qu'elle représente, doit faire l'objet de mesures de contrainte et de contrôle. Là où les psychothérapies promettent en effet une satisfaction (apaisement ou suppression du symptôme, bien-être, optimisation des compétences, etc.) et s'accordent sur ce point décisif avec la logique de la consommation, la psychanalyse coupe avec cette promotion de l'objet et critique en acte sa fonction de fétiche. Là où les psychothérapies, dans leur profusion et leur multiplicité mêmes, dans leur incessante promotion de « nouveautés » et de « techniques », prennent place dans le ballet de la consommation et de la demande, la psychanalyse travaille à dégager ce qui opère, pour un sujet, dans cette course aveugle. À ce titre elle dénonce le tourbillon infernal du lien social dominant, que Lacan a nommé discours capitaliste, et c'est pourquoi elle représente une menace qui doit être circonscrite.

L'empire de la psychologie

À simplement réaffirmer les principes par lesquels Freud et Lacan avaient su défendre la spécificité de la psychanalyse au regard du « service des biens[2] », les analystes auraient dû présenter un front uni. Or, en réponse à l'initiative du pouvoir, le mouvement analytique s'est montré profondément divisé, *tout comme il l'avait été* à propos de la pratique « profane » de la psychanalyse ou de la nomination du psychanalyste.

Les paramètres structuraux du moment contemporain sont en premier lieu ceux du discours capitaliste, et nous montrerons comment il s'articule au discours de la science et en quoi le discours analytique y fait objection. Nous voudrions insister ici sur une modalité particulière du discours universitaire qui lui fait cortège, le discours de la psychologie[3], lequel a pris une consistance nouvelle dans le travail des fictions qui légitiment le lien social dominant. Là se situe la nouveauté de la menace qui pèse sur la psychanalyse au regard du combat de Freud lors de l'affaire Reik : elle ne vient plus du côté de la médecine, mais bien de la psychologie. Si Freud a dû argumenter contre la logique de l'exercice médical et montrer en quoi la psychanalyse s'en distinguait résolument, le temps est venu où les psychanalystes doivent montrer en quoi leur pratique se distingue essentiellement du discours de la psychologie, au moment même où celui-ci règne en maître.

Il importe de distinguer les deux, car là où la médecine, selon la logique du discours de la science, tend à forclore le sujet, la psychologie au contraire s'évertue à proposer la fiction d'un autre « sujet », à qui est dévolue la tâche de récupérer ce qui a été, par la science, rejeté. Le sujet de la science, on le sait depuis Descartes, est en effet sans qualités, c'est un pur opérateur des énoncés formels. Cette logique rigoureuse est froide et implacable, elle ne dit rien qui qualifie l'individu particulier qui s'y trouve inscrit, même si elle peut procurer une sorte d'apaisement par la croyance dans les pouvoirs infinis de la science et par la promesse qu'elle ne cesse de reconduire. Pour autant, elle ne suffit pas à apaiser le malaise subjectif, ni à faire religion.

À l'inverse, la psychologie propose un autre « sujet » qui constitue une fiction efficace pour répondre à ce manque. Elle se soutient des énoncés de la science, qui comme telle forclot le sujet, mais elle réintroduit un nouveau « sujet » comme lieu d'unification des facultés, des affects, ou des compétences. Le sujet de la psychologie se déduit, se renforce, se soutient d'un savoir concernant fonctions, capacités, conduites ou affects. Là où la psychanalyse pose la division du sujet du fait même de l'existence d'un savoir inconscient, la psychologie ne cesse de promettre son unité, par la conquête d'un savoir à venir. Ce savoir se réclame chaque jour davantage du discours de la science et se loge volontiers aujourd'hui à l'abri du prestige des neurosciences. Mais le sujet qui s'en déduit est assujetti à ce savoir, il doit s'en faire l'étudiant. Les savoirs que construisent les disciplines du champ de la psychologie deviennent ainsi des propositions auxquelles des sujets doivent souscrire.

La prolifération des injonctions normatives qui en résultent est une des caractéristiques de notre temps : les sujets de la psychologie que nous sommes tous invités à devenir doivent s'appliquer à s'y conformer. Du déprimé à l'hyperactif, du traumatisé au harcelé, au grand marché de la multiplicité des savoirs chacun est convié à choisir la forme-sujet qui lui ira le mieux, pour un temps et un usage limités : au travail, à l'école, avec ses partenaires sexuels, et bien sûr avec ses « psy ». Chacun, au gré de l'offre qu'il lui plaît de saisir au marché des propositions « psy », est ainsi conduit à construire son personnage, éminemment flottant.

Certes, ce règne de la psychologie n'est pas chose nouvelle et Freud en connut les prémices, d'abord pour s'en réclamer puis pour s'en distinguer en lui opposant sa « métapsychologie ». Un demi-siècle plus tard, il en allait déjà tout autrement et l'on doit à la lucidité de Georges Canguilhem d'avoir formulé la critique la plus radicale tant de ses prétentions scientifiques que de sa position servile à l'égard des pouvoirs du manager ou de la police. À cette critique Lacan apporta son soutien enthousiaste[4]. Mais si le diagnostic était posé, l'ampleur du phénomène était loin d'avoir atteint son apogée et il a fallu encore une trentaine d'années pour que l'on puisse prendre la mesure de l'investissement massif de la psychologie dans ce que Michel Foucault a nommé la *gouvernementalité*[5].

La menace pour la psychanalyse n'est plus désormais de se faire exclure par la médecine, mais bien de se laisser *inclure* dans l'empire de la psychologie, de ses pratiques et de ses modes de reconnaissance. De fait, de nombreux psychanalystes se trouvent d'ores et déjà recrutés par le nouveau marché de l'emploi « psy », tant dans les formes de l'exercice salarié que libéral. Cela tient à l'extension de la demande sociale qu'il faut plutôt désigner comme injonction généralisée de parole, injonction qui requiert ses techniciens patentés, efficaces et contrôlés. Dans cet immense nouveau champ de pratiques – qui va de la prévention maternelle et infantile aux nouvelles formes de gestion des dégâts collatéraux du management d'entreprise, en passant par les prisons et le SAMU social –, les versions brutales de rééducation des conduites (TCC[6]) ne sont qu'une des modalités de l'offre de psychologie, dont le champ s'étend désormais sans limites au domaine de la « santé mentale positive », incluant l'aptitude au bonheur[7].

Les psychanalystes ont été peu nombreux à repérer le danger de cet état de fait pour la psychanalyse. Beaucoup ont préféré penser qu'il suffisait de se réclamer de l'analyse pour se trouver *ipso facto* situé hors du champ de la psychologie, au moment même où ils étaient employés dans des institutions de plus en plus nombreuses et variées, dans lesquelles la proposition de « psy » faisait désormais partie d'une offre de gestion des ressources humaines. Illusion d'une extraterritorialité d'autant plus consistante que, à l'intérieur du cadre formel de son exercice (le bureau du « psy »), chacun pouvait se penser le plus souvent libre de sa technique. Dans la période récente, l'extension de la logique managériale dans certaines institutions s'est chargée de montrer soit qu'il n'en était rien, soit que ce temps-là était fini : les gestionnaires du secteur associatif, hospitalier ou libéral, ne se privent plus désormais d'imposer leurs choix « techniques » et leur préférence affichée (notamment pour les TCC), au nom d'impératifs financiers et de « normes de qualité ».

Une difficulté du même ordre s'est posée dans le champ de l'université. l'ouverture de générations d'étudiants en psychologie à la pensée analytique s'est trouvée prise en étau entre les conditions mêmes de la diffusion du savoir à l'université et la mutation considérable du champ des pratiques auxquelles ces formations professionnelles donnaient accès. Position difficile, voire ambiguë, d'un enseignement coupé de son lieu d'émergence – la cure individuelle – et qui donne accès à des professions du champ de la psychologie, et non à la pratique analytique[8]. Il ne s'agit pas de ranger sous une seule bannière des tentatives diverses et des postures distinctes, mais il est un fait que cette diffusion de la psychanalyse à l'université pour les psychologues – et au-delà pour l'immense champ des praticiens du social, via la formation permanente – a facilité l'extension de l'empire de la psychologie au titre d'un mode nouveau de gestion du «social[9]».

Dans l'un et l'autre cas, dans les institutions ou à l'université, la question n'a pas été posée en toute rigueur de savoir comment et à quel titre il fallait y défendre quelque chose du discours analytique. C'est pourquoi l'initiative étatique visant à réglementer l'exercice des psychothérapies n'a pas été véritablement pensée. Elle n'a été considérée que comme une agression venue du dehors (l'État, la corporation des psychothérapeutes) et non comme le symptôme d'une menace d'inclusion pesant sur la psychanalyse. Faute de situer le danger, on s'est contenté de manœuvres tactiques confinées dans le secret des cabinets ministériels plutôt que d'en expliciter les enjeux au grand jour, à l'adresse du public.

Croire qu'il s'agissait « simplement» d'une affaire de contrôle et d'évaluation d'un exercice professionnel psychothérapique, et qu'il convenait d'en distinguer la psychanalyse, croire même que celle-ci pouvait, de surcroît, y gagner une sorte d'abri juridique a conduit nombre d'associations, regroupées dans ce qui s'est appelé le Groupe de contact, à entériner *de facto* le statut même des questions qui leur étaient adressées. Plutôt que d'interroger les termes mêmes de la demande faite aux psychothérapeutes (l'exigence d'une écoute sous garantie) et de questionner à partir de l'éthique analytique les raisons avancées pour la légitimer, on a accepté le terrain et l'énoncé de la question. Le souci de préserver un statut juridique de la psychanalyse l'a emporté sur la nécessité de renverser la question et d'interroger, au nom de la psychanalyse, la demande de sécurité et de contrôle qui s'adressait à tous. Car la psychanalyse ne saurait perdurer comme pratique sans prendre position comme telle dans le champ conflictuel des discours.

Le public de la psychanalyse

La psychanalyse, depuis son origine, ne s'est pas souciée d'être seulement tolérée. Elle a mené activement un combat dans la culture, raison pour laquelle Freud a toujours eu le souci de s'adresser à un large public, bien au-delà du cercle des seuls praticiens. En témoignent ses correspondances et ses textes explicitement adressés à tout lecteur éclairé, sans concession aucune quant à la doctrine et à l'éthique. On peut voir dans ce souci la marque de l'esprit des Lumières, car il y avait chez Freud cette conviction que la Raison doit participer de l'organisation de la cité. En de nombreuses occasions, il s'est adressé à l'opinion la plus large, non seulement pour l'informer mais pour déconstruire les illusions de son époque. Le fait de montrer en quoi la société, dans son organisation même, participe d'une méconnaissance active de ce que la psychanalyse met au jour ne l'a jamais empêché d'en exposer les ressorts, dans un langage accessible à tous. Malgré ce que l'on a nommé à tort son pessimisme, il n'a cessé de prendre part aux disputes de son temps. Si le malaise dans la civilisation était pour lui structurel et non pas contingent, en rendre raison du point de vue de la psychanalyse lui a paru essentiel, tout comme de le faire savoir dans l'espace public plutôt que d'en réserver la primeur à un cercle réduit de connaisseurs.

Bref, non seulement Freud n'hésita pas à répondre aux interpellations qui lui étaient faites au nom de la science ou de la morale, non seulement il sut défendre par les mots les plus simples et sans la moindre concession l'exercice spécifique de la psychanalyse, mais toute sa vie il ne cessa de questionner le monde dans lequel il vivait. Religion, guerre, logique des foules, quels cauchemars de son temps n'a-t-il pas affronté, lui, le bourgeois juif d'une Vienne sur le déclin ! On peut y voir la grandeur, le courage d'un homme, on peut lire dans ses échanges avec Einstein, Zweig ou Romain Rolland le grand souci d'une pensée des Lumières en son déclin. Mais il faut y voir quelque chose de plus décisif car plus spécifique, lié à la psychanalyse comme telle : c'est qu'il ne saurait y avoir de psychanalyse sans cette adresse à un public, c'est-à-dire sans une prise en compte de la situation de son discours au sein même de son époque. Car l'expérience de la cure, le lien singulier qui s'instaure entre analysant et analyste ne s'instaure pas sans rapport à ce qu'il nommait *Kultur*, soit un certain état de la civilisation. C'est très précisément ce que Lacan a conceptualisé avec sa théorie des discours, qui implique que le lien analytique ne saurait être conçu isolément des autres modalités de liens sociaux. Penser en termes de logique des discours permet de poser la nécessité structurale d'une politique de la psychanalyse : qu'il y ait de l'analyse est affaire de singularité, de rencontre, mais aussi de politique.

Un discours pas sans les autres

Posons que la rupture inaugurée par Freud est donc celle d'un nouveau lien social. D'un analysant à celui qui l'écoute, quelque chose a été posé qui va contre d'autres modalités de liens de parole instaurés jusque-là entre les hommes. l'un parle, l'autre écoute et ne répond pas, l'un largue les amarres de sa parole et s'entend parler, surpris de ce qui lui parvient aux oreilles, tandis que l'autre laisse flotter son écoute… Comment dire ce qui se noue entre ces deux-là, ou plutôt comment rendre raison de la rupture inouïe opérée par Freud dans l'échange ordinaire de paroles qui fait le commerce habituel entre les hommes ?

Certes, on peut aisément dire à quel point ce lien – transférentiel – se distingue des autres. Ainsi de tous ceux qui posent par avance le savoir d'un bien à atteindre, avant même que le sujet n'ouvre la bouche : rupture considérable que ce renversement dans la position du savoir ; le savoir inconscient est à venir dans la parole analysante. Mais on sent bien qu'il faut aller au-delà et véritablement rendre raison de cette nouvelle modalité de « lien social ». Tel aura été le travail de Lacan : articuler une logique qui rende compte de ce lien.

« Discours » est le nom générique donné à cette articulation signifiante, agencement de places dont les liens logiques ont des effets contraignants pour toute parole qui viendra à s'y proférer. Lien qui se réalise du fait de parler et qui implique celui qui parle *et* celui qui se laisse prendre dans l'implication de cette parole. Or, pour établir en quoi la cure se distingue d'autres modalités existantes de liens de parole, il aura fallu à Lacan caractériser ces autres modes, les situer les uns par rapport aux autres. Ainsi parvient-il à distinguer quatre discours – du maître, de l'hystérique, de l'universitaire et de l'analyste – qu'il désigne du nom de ce qui opère comme agent orientant le lien et déterminant ses effets. Le discours analytique est ainsi cette modalité de lien qui met en marche la parole analysante, le discours du maître celui qui est commandé par le signifiant maître, etc.

Pour parvenir à définir le discours analytique, Lacan n'aura cessé d'effectuer des allers et retours d'un discours à l'autre, précisant, rectifiant les termes et les désignations pour écrire les diverses modalités de liens sociaux. Il les a dénombrés, nommés et spécifiés en leur articulation logique, à la fois séparément et dans leurs rapports respectifs – car ils ne tiennent pas tout seuls, ils se définissent et s'éclairent les uns les autres. Ainsi la nouveauté du discours analytique se définit-elle par opposition à un autre lien social dont il est l'envers[10], le discours du maître. De même le mode de questionnement par lequel Freud eut le courage de se laisser saisir est-il nommé discours hystérique, qui ouvre au discours analytique. Une lecture d'un discours ne saurait prendre sa portée que d'être située dans la ronde des quatre.

Là où une certaine histoire de la psychanalyse avait fait de l'invention freudienne le fruit d'une créativité géniale surgissant de nulle part, Lacan s'est attaché à repérer l'émergence du discours analytique parmi les différentes formes possibles de liens de parole. Son souci d'établir la modalité originale du discours qui structure la pratique de la cure n'aura pu aboutir que dans le mouvement même d'une définition et d'une distinction d'avec les autres. La structure est ainsi celle des quatre discours, dont l'écriture obéit à un certain nombre de contraintes formelles, liant les uns aux autres. Loin de pouvoir être conçu isolément, le discours analytique est à situer parmi les autres, dont l'ensemble fait structure[11].

Discours, histoire et politique

Si elle est stable, la structure des quatre discours n'est pas immuable, contrairement à ce qu'a pu laisser penser l'idéologie structuraliste qui alimenta la croyance en une fin de l'histoire, au profit du règne éternel des invariants. Lacan n'hésita pas à déclarer que les événements de 1968 avaient bien montré au contraire que « les structures descendent dans la rue[12] ». À de très nombreuses occasions dans son séminaire, il précisa l'émergence historique de certains discours et leur effet sur les autres, allant jusqu'à situer l'advenue du discours analytique tant dans la dépendance du discours de la science que comme réaction au discours capitaliste[13]. Quant à la pérennité des discours, que l'on pourrait croire découler de la structure, elle ne lui paraissait en rien assurée, tant pour le discours analytique que pour le discours capitaliste dont il soutenait que, malgré sa redoutable efficacité, il se pourrait bien qu'il soit «menacé de crevaison[14]».

Les différents discours ne peuvent donc ni se dissocier de leur émergence dans le temps – en particulier du discours auquel ils succèdent (il y a une « mémoire des places ») – ni se concevoir indépendamment de la dominance des autres. De sorte qu'il ne s'agit pas seulement de penser le discours analytique comme s'insérant dans la structure des quatre, mais d'appréhender celle-ci comme un graphe sous tension. Si la définition grecque de la politique, selon Arendt, consiste dans la pluralité et la conflictualité des paroles, la théorie lacanienne des discours permet d'ajouter que, pour les êtres parlants, il est un nombre fini de possibilités de s'en saisir et d'en être saisi. Les regroupements sociaux qui se font, se défont et s'affrontent en subissent la loi, et ce qui fait société peut être caractérisé par la dominante – sociale – d'un discours. On dira par exemple que la société bureaucratique est caractérisée par la domination du discours universitaire[15] qui place le savoir en position d'agent. Cela n'implique en rien que les trois autres discours n'aient aucune portée sous le règne de la bureaucratie, comme en atteste... la chute du mur de Berlin.

Qu'il y ait des liens sociaux distincts, avec leur cohérence et leur stabilité, n'implique donc en aucune façon qu'ils soient isolés et indépendants. La conflictualité structurelle des discours est au contraire aisément repérable, comme l'évoquent certaines paires : hystérique/maître, analyste/universitaire, etc. Il s'agit de les appréhender dans leurs rapports de tension et d'instabilité et ainsi de prendre acte, pour ce qui concerne le discours analytique aujourd'hui, de sa situation dans l'ensemble de la structure.

L'instauration d'un discours, sa prévalence tout comme sa pérennité ne sauraient donc se comprendre hors du contexte dans lequel il prend place. C'est pourquoi l'idée d'une indépendance du discours analytique à l'égard de ses conditions historiques de possibilité est une erreur, du point de vue de la psychanalyse elle-même. Certains revendiquent pourtant l'exception du discours analytique, arguant du caractère « asocial » de la psychanalyse et exaltant son « extraterritorialité ». Ils revendiquent la distinction nécessaire du discours analytique, en posant par principe sa radicale indépendance d'avec les autres discours. Selon cette opinion, il suffirait que la psychanalyse s'excepte d'elle-même du jeu social pour perdurer comme telle.

C'est méconnaître qu'elle ne peut être dite asociale – si l'on s'en tient à la définition du lien social comme discours – mais qu'elle opère au contraire une mise à jour de la boiterie foncière de tout lien social, de son incomplétude structurale. Le prétendu caractère asocial est au contraire à verser au compte de son impact nécessairement conflictuel sur les autres discours, et l'extraterritorialité revendiquée par certains ressemble fort à un retrait face au conflit. Freud avait formulé cette portée culturelle de la psychanalyse dans les termes d'un malaise dans la civilisation que la psychanalyse pouvait énoncer comme incurable (ce qui, remarquons-le, n'était pas spécialement une manière d'éviter la mise en tension des discours !). Lacan pour sa part a écrit cet impossible dans la structure discursive elle-même.

La psychanalyse n'est ni en dehors ni à côté des autres formes de liens sociaux. Son existence fait tension dans la structure d'ensemble et en questionne le fondement. En outre, cette tension a été accrue par l'écriture même qu'en a donnée Lacan, laquelle a eu un impact direct non seulement dans le mouvement analytique mais dans le champ social comme tel. Là où Freud avait caractérisé l'objet de la pulsion comme cet objet perdu dont la quête orientait le désir du sujet, Lacan fait de cette perte le moteur de la parole dans la cure.

Cette écriture, si elle spécifie le discours analytique, précise du même coup en quoi il fait objection aux autres discours qui n'en veulent rien savoir. C'est en ce sens que l'on peut dire que l'écriture des quatre discours a eu une portée culturelle et politique. La combativité de Freud dans l'espace public prend ainsi toute sa portée : c'est bien parce que le discours analytique ne saurait être conçu isolément qu'il faut que les analystes se situent dans la structure d'ensemble des discours et y portent le débat.

L'empire des sciences humaines

Situer le discours psychanalytique dans notre temps implique donc une prise en compte de la prégnance des autres discours et des changements qui en affectent l'ordonnancement. Or un fait nouveau est intervenu depuis un siècle, qui s'est accéléré dans les deux dernières décennies : le « lien social » est devenu l'objet d'un savoir et une matière à gouvernement. C'est l'effet direct du développement exponentiel des « sciences humaines » qui ont entièrement remodelé les fictions dominantes et ont construit un nouvel objet, « le social », et son élément, « le sujet du social ». La société est devenue un bien à défendre[16] et le « sujet » s'en est trouvé redéfini comme constituant élémentaire du social. « Lien social » et « sujet » ont été entièrement façonnés, retravaillés par le discours des sciences humaines qui, quelle que soit la définition qu'on en donne, souscrivent à l'idéal de science. La sociologie, logos du social, et la psychologie, logos du sujet dans le social, ont été les chevilles ouvrières de cet immense chantier. La fiction du lien social – c'est-à-dire la représentation de ce qui fait société pour des sujets – est devenue enjeu de gouvernement, matière à gouvernementalité. Ainsi la désignation, via les statistiques, de sous-ensembles de populations nommés par le savoir sociologique est-elle allée de pair avec l'identification corrélative des sujets au titre d'éléments de ces ensembles. Regroupements (quantifiés) de populations et interpellations de sujets (identifiés) font désormais partie du vocabulaire courant et passent pour faits d'évidence, alors qu'il s'agit d'un fait d'histoire dont il importe de construire la généalogie.

Les énoncés foucaldiens orientent ici notre lecture. Remarquons que le concept de discours a été avancé par Lacan dans le moment même où Foucault en faisait un objet essentiel de ses recherches. Quelques textes en témoignent, en premier lieu la conférence du 22 février 1969 intitulée *Qu'est-ce qu'un auteur ?* – à laquelle Lacan assista[17] –, *L'archéologie du savoir* (1969) et le discours inaugural au Collège de France, *L'ordre du discours* (1970), qui en expose le vaste programme. Il serait évidemment erroné de superposer les concepts de discours chez l'un et chez l'autre, mais il serait tout aussi aberrant de n'en pas voir la parenté. Ce n'est pas ici le lieu de développer une lecture du rapport de Foucault à la psychanalyse, et l'on peut sans doute s'accorder sur l'idée que la rencontre fut manquée. Mais il est clair que, prenant prétexte de ce ratage, nombre d'analystes n'ont pas voulu prendre acte de la pertinence de son travail alors même qu'il anticipait de manière étonnamment lucide les mutations sociales contemporaines, assignant à « la fonction psy[18] » une place éminente dans l'ordre des discours. Si, de notre point de vue, il avait tort d'identifier la psychanalyse *comme telle* (c'est-à-dire comme discours au sens de Lacan) à une pratique disciplinaire, il avait vu juste en dénonçant le fait que « l'ordre des discours » aspirait nombre d'analystes dans un investissement normatif du champ social.

Un discours, selon Foucault, consiste en l'organisation réglée de savoirs, de pratiques et de dispositifs induisant des régimes de vérité, qui produisent des modes de subjectivation adéquats à ces régimes. « Dire vrai» ne peut s'abstraire du régime de vérité dans lequel ce dire se situe, et réciproquement toute véridiction est induite par un discours donné[19]. En ce sens la réalité est un produit du discours, ce qui permet de dire par exemple que la folie comme maladie mentale est le produit historique de l'aliénisme. Cela ne signifie pas qu'elle serait pure illusion, qu'elle « n'existerait pas », comme l'a soutenu la vulgate antifoucaldienne, mais qu'elle ne saurait être dissociée du discours qui la pose comme telle. Ainsi savoirs, pratiques et positions subjectives se déduisent-ils d'un « discours » particulier. La « vérité du sujet » – selon les propres termes de Foucault – ne peut se concevoir en dehors de la contrainte formelle du discours dans lequel il est (se) saisi(t). l'institution de ces discours définit des savoirs, des disciplines, des pratiques et des modes de subjectivation, soit des formes de véridiction, des procédures de gouvernementalité et des pragmatiques de soi[20].

Ces modifications discursives ne peuvent se dissocier de l'émergence des sciences humaines. Les « sciences de l'homme » – l'ironie de Foucault à cet endroit fut aussi celle de Lacan – sont sciences de la dissolution de la figure de l'homme classique, elles sont savoirs et pratiques d'objets nouveaux qui participent d'un mode inédit de gouvernement, d'un mode nouveau de biopouvoir. Ce nouvel ordre des discours participe d'une mutation de l'organisation sociale, et partant des individus. Le temps n'est plus où le discours du maître structurait un régime de souveraineté dont l'organisation verticale assignait à chacun une place à laquelle il lui fallait s'assujettir, par le truchement de signifiants maîtres. Un autre mode de gouvernement est venu le recouvrir, qui se préoccupe non pas d'assujettir un individu à un pouvoir qui le surplombe, mais de produire des « sujets de gouvernement », des individus qui se pensent et se veulent acteurs de leur propre assignation dans le discours. Chacun est appelé à y participer et à assentir à l'œuvre commune, « la société » ; il n'est plus besoin pour cela du commandement du Prince, de l'autorité du maître, car les sujets s'autoproduisent à cette fin sous le régime du discours universitaire. l'immense corps de savoirs et de pratiques des sciences humaines a participé de cette nouvelle construction efficace, de cette gouvernementalité inédite, tant par les objets qu'elle a produits que par les sujets[21] qu'elle a façonnés.

Psychologie et politiques de santé mentale

C'est dans ce mouvement de grande ampleur qu'il faut situer le fait qui nous touche au plus près, à savoir l'inflation du savoir psychologique dont les catégories sont désormais investies dans la vie politique. Ce fait de discours doit être appréhendé en tant que tel, c'est-à-dire dans ses dimensions de savoirs, de pratiques et d'effets de subjectivités qui participent de la fabrication d'une réalité, c'est-à-dire d'une fiction partagée. Les catégories de « victime », de « deuil » ou de « trauma » – pour s'en tenir aux plus évidentes – induisent des effets de vérité, elles structurent des pratiques dans le droit, la médecine, la gestion des événements sociaux, et induisent des effets de subjectivité, les individus s'identifiant comme « traumatisés », « endeuillés », « victimes », etc. Ces désignations construisent le lien social lui-même comme fiction, elles en fixent le profil normatif. Lacan avait su distinguer chez Bentham cette logique des fictions dont certains travaux récents montrent l'importance dans le régime néolibéral le plus contemporain[22]. C'est même par ce travail des fictions que la « nouvelle gouvernance » investit le champ de l'intime pour transformer l'individu en « entrepreneur de lui-même ». La psychologie est tout spécialement sollicitée à s'atteler à cette tâche, aussi bien dans sa dimension de production (coaching, optimisation des ressources) que de recyclage et de remise sur pied (psychothérapies adaptatives).

De proche en proche, tout ce qui restait jusque-là (y compris dans le libéralisme classique) en dehors des règles du marché est désormais envahi par le savoir asservi à la logique de la valeur. Les liens parent/enfant, employé/patron, maître/élève sont entièrement investis par des savoirs, des pratiques et des normes concourant à induire des positions subjectives adaptées. Dans cette logique, le malaise est nommé « souffrance psychique » ou « dépression », et l'offre de traitement psychothérapique ou médicamenteux prétend y répondre, non sans produire des personnages qui se définissent eux-mêmes comme « usagers » de cette offre. Ainsi les « antidépresseurs » produisent-ils des « déprimés ». L'impact du savoir issu de la psychologie est patent dans l'ensemble du champ social, et la moindre consultation de psychiatrie de l'enfant en offre la démonstration, tant la demande est ordonnée par le discours qui s'impose aux parents. Le champ « clinique » en est désormais entièrement investi, recomposé et codifié.

Construire le normal suppose le pathologique comme limite, et réciproquement définir le pathologique produit le point de fuite d'une nouvelle perspective de la normalité. La nomination récente de « nouvelles pathologies » met en évidence ce travail incessant de redéfinition des objets et des personnages qui opèrent dans le champ de la « santé mentale ». Les fictions de la « dépression », de « l'hyperactivité » de l'enfant ou de la « pédophilie » sont autant de manières de verser de nouveaux objets au compte de la pathologie et de proposer en même temps des figures adéquates de subjectivations (« dépressifs », « hyperactifs », « pédophiles »).

Deux modes d'abord privilégiés de ces « troubles » coexistent aujourd'hui, les médicaments « psychotropes » et les « psychothérapies ». Le préfixe commun invite à les ranger dans la « fonction psy » car on aurait tort de les opposer : l'un ne va pas sans l'autre, et ils sont explicitement articulés dans les plans gouvernementaux qui fixent par avance les cadres du dispositif à venir. Un ensemble considérable de lois, de rapports et de réglementations organisant la « nouvelle gouvernance » des établissements doit être ici pris en compte pour voir se dessiner un nouveau paysage, organisé par une logique spécifique. Le contrôle, l'évaluation, la segmentation et la mise en réseau des pratiques y sont définis en toute clarté comme instauration d'une nouvelle gestion humaine. Les psychothérapeutes, qui ont leur place dans cet ensemble précisément articulé, y sont soumis comme les autres à la logique bureaucratique de la valeur, credo néolibéral de la réorganisation des politiques publiques. Rappelons que l'article 52 fait partie d'une nouvelle loi *de santé publique* et que les psychothérapeutes apparaissent désormais comme tels dans les divers « schémas d'organisation » de la santé mentale. Le rapport dit Cléry-Melin, « Plan d'actions pour le développement de la psychiatrie et la promotion de la santé mentale », remis en septembre 2003 au ministre de la Santé, de la Famille et des Personnes âgées, prévoit ainsi un véritable réseau de santé mentale sous la houlette d'un psychiatre coordinateur, dont « l'offre de soins de première ligne » est effectuée par le généraliste prescripteur et le psychothérapeute. Depuis, un grand nombre de textes ont confirmé la mise en place planifiée d'une logique d'ensemble, dite de santé mentale, dont les aspects sécuritaires (prévention de la récidive et contrainte des soins) s'articulent avec un souci hygiéniste extensif. La multiplicité des formes d'interventions publiques ou parapubliques qui structurent de longue date le « travail social » et les politiques de prévention est désormais unifiée dans une politique de « réseaux de santé mentale », dans lesquels la connexion des pratiques pourra être opérée via la règle floue du « secret partagé ».

Qu'il s'agisse là d'une politique décidée et pensée comme telle se lit aisément dans la succession des rapports officiels concernant la psychiatrie puis la santé mentale publiés depuis vingt ans. Le dernier d'entre eux (novembre 2009), remis à la secrétaire d'État chargée de la prospective et du développement de l'économie numérique[23], achève de donner sens à l'ensemble. S'appuyant sur les travaux des économistes J. Stiglitz, A. Sen et J.-P. Fitoussi, il envisage la santé mentale comme un « nouveau paradigme », au titre d'un « droit de l'homme fondamental ». Les dépenses imputables aux « troubles de masse de la subjectivité individuelle » imposent une politique préventive, mais ne résument pas le projet qui est beaucoup plus vaste. Il ne s'agit de rien moins en effet que de promouvoir le concept d'une « santé mentale positive », impliquant une nouvelle conception que les individus se font de leur propre bien-être, qu'il faut penser dans une nouvelle langue (*self-esteem*, *mastery*, *coping*, en anglais dans le texte) afin d'en rationnaliser le développement. En effet, non seulement le coût de « la mauvaise santé mentale » est considérable, mais il faut intégrer dans nos représentations qu'« une vie réussie implique dorénavant la santé mentale ». Rien de local ou d'hexagonal dans ce projet, mais une politique concertée de l'Union européenne, impliquant un « changement de paradigme dont la France a du mal à s'emparer[24] ».

Les psychanalystes sans abri

Il est remarquable que fort peu de psychanalystes aient fait le rapport qui s'imposait, à simplement lire les textes, entre une planification bureaucratique de la « santé mentale » et le contrôle des pratiques d'échanges de parole (dites « psychothérapies »), qui étaient restées jusque-là d'ordre privé[25]. Saisis par leur désir de se distinguer de la masse des psychothérapeutes, ils n'ont pas vu que cet événement minuscule prenait place dans un mouvement de grande ampleur de gestion de la « santé mentale » par le contrôle des modes d'exercice. Ils n'ont pas vu que le souci du bien, que l'on disait être au principe de la lutte contre les charlatans, avait un rapport direct avec une politique du bien, celle qui préside à la définition normative de la santé mentale, et que celle-ci conduit tout droit aux lois de police. La raison en est simple et connue depuis Freud[26], c'est que le sujet ne veut pas nécessairement son propre bien, de sorte que celui que l'Autre édicte à son endroit doit lui être imposé, au nom de tous. En très peu d'années, cette logique s'est à ce point emballée que l'imposition de normes de comportements et de pensées a gagné l'espace privé au nom de la généralisation d'une sorte de principe de précaution de la santé mentale. La recherche précoce de la dangerosité potentielle du très jeune enfant se noue par anticipation à l'élimination du criminel « particulièrement dangereux » que l'on peut désormais séquestrer indéfiniment dans un centre de rétention « médico-socio-judiciaire ». Et puisque la caractéristique du fou est de ne point savoir qu'il l'est, on réclame à grands cris que soit rendue légale la possibilité de contraindre aux soins ceux qui refuseraient ou négligeraient de satisfaire aux prescriptions. Lorsque l'appel au souci de la santé ne suffit pas, la criminalisation devient ainsi un élément intrinsèque des politiques sanitaires de sécurité.

Dans le même temps, la logique managériale s'est imposée dans le champ hospitalier et associatif, diffusant un encadrement, une évaluation et un contrôle des pratiques, logique suspicieuse par définition, puisque élaborée par d'autres que les praticiens eux-mêmes, selon les critères de la gestion financière appliquée aux entreprises. Soulignons ici, à l'intention des naïfs qui ont voulu se persuader qu'il n'était question que de réglementer « l'usage du titre » de psychothérapeute, que la logique de l'évaluation des produits conduit au contrôle de la pratique elle-même. En s'intéressant dans un premier temps aux protocoles, aux évaluations, bref à la forme, on en vient rapidement au contrôle des contenus. On a pu voir ainsi progressivement des administrations décider de l'orientation des techniques. l'un des exemples les plus évidents a été récemment la préférence accordée aux TCC par les associations gestionnaires du secteur médicosocial.

Garanties, contrôles, évaluations au nom de la protection des « usagers » (la santé de tous) mettent de proche en proche en cause l'indépendance même des pratiques professionnelles et leur déontologie. Les psychothérapeutes habilités, dont la place est désormais prévue dans le vaste projet de planification de santé et de sécurité sanitaire, se verront comme les autres progressivement assujettis aux normes de fonctionnement gestionnaires. Le rapport Couty sur la psychiatrie, remis en janvier 2009 au président de la République, articule ainsi la cascade hiérarchique des professionnels sous la houlette d'une sorte de préfet sanitaire, le directeur de l'Agence régionale de santé. Les prescriptions y seront encadrées et hiérarchisées selon leur coût et leur durée. On a vu dans d'autres pays (États-Unis, Allemagne) comment, par le jeu des remboursements et des agréments sélectifs, l'exercice des psychanalystes a ainsi été contraint et limité.

Un tel tableau fait entrevoir à quel point l'affaire de la réglementation des psychothérapies, loin de se réduire à n'être qu'une péripétie causée par le *lobbying* d'une corporation, s'inscrit dans un vaste ensemble structuré. Il s'en déduit que *de ce point de vue* psychothérapies et psychanalyse sont prises dans le même discours, celui qui fait de la psychologie l'agent d'une gouvernementalité nouvelle, non pas aveugle mais très précisément encadrée et évaluée[27].

Les montagnes de protocoles à remplir, de procédures à respecter, de « fiches de qualité » à satisfaire, d'audits à subir sont le lot des hôpitaux et des institutions, et empiètent directement sur la liberté de prescription et donc sur la clinique elle-même. Il est heureux que des psychanalystes aient été au premier plan des dénonciations de ce vaste mouvement. À ce titre, les dénonciations de J.-A. Miller ont été bienvenues, contribuant à poser les dimensions historiques et politiques d'un débat jusque-là confiné à ses dimensions « techniques[28] ». Malheureusement, cette juste dénonciation fut mise au service d'une tactique politique de front commun avec les associations de psychothérapeutes, au nom d'une même lutte contre la machine bureaucratique. Or, si les psychothérapeutes et les psychanalystes pouvaient se ranger sous la même bannière d'une lutte contre l'oppression de la logique bureaucratique, c'est au même titre que le pourraient tous ceux qui en sont depuis longtemps victimes. En premier lieu tous ceux qui, dans l'entreprise, ont déjà eu à subir le nouveau *management néofordien*, ensuite tous ceux qui voient dans le service public s'appliquer la logique de la gouvernance d'entreprise, enfin tous ceux qui dans la culture sont invités à sacrifier au dieu concurrence en choisissant leur hôpital, leur lycée ou leurs placements selon les règles de l'évaluation compétitive. À ce titre, l'immense cortège de ceux qui se soucient de soutenir l'éthique d'un métier pourrait en effet défiler sous le même slogan.

Cela est vrai. Mais à s'arrêter là on dilue la question et l'on perd de vue précisément la responsabilité et le combat spécifiques des psychanalystes en la circonstance. Il nous faut donc préciser. S'il est vrai, comme nous le soutenons, que l'usage de la psychologie comme forme de discours universitaire est un élément de la domination du discours capitaliste contemporain, si elle participe ainsi de la nouvelle gestion néolibérale, il reste que la psychanalyse y fait objection. Elle le fait pour des raisons spécifiques, liées à son discours, et elle seule le fait à ce titre. Il suffit pour s'en convaincre de lire le récent rapport « La santé mentale, l'affaire de tous », précédemment cité, pour prendre la mesure du fait que ces politiques sont profondément cohérentes avec les pratiques et les doctrines psychologiques du « développement personnel » et de la « cognition ». Il y a un savoir du bien-être, de la bonne santé mentale qu'il s'agit d'enseigner aux individus, ignorants de leur propre bien.

La psychanalyse, quant à elle, se situe à l'envers de ce discours[29].

1. Sigmund Freud, *La question de l'analyse profane,*(1926), Paris, Gallimard, 1985, p. 27.
2. Termes promus par Lacan dans son séminaire *L'éthique de la psychanalyse,*Paris, Le Seuil, 1986.
3. Nous désignons ici non pas un nouveau discours, mais une forme du discours universitaire, dont le savoir référentiel est la psychologie. Il convient de préciser de la même manière que lorsque Lacan parle du « discours de la science » il vise les effets – massifs – que produit le mode de rationalité scientifique (« la science ») sur les sujets parlants qui s'y trouvent pris. Il est essentiel d'opérer cette distinction.
4. Dans « La science et la vérité », *Écrits, op. cit.*, p. 859. C'est tout au long de son œuvre que Canguilhem soutint cette position, exposée avec brio dans son article célèbre, *Qu'est-ce que la psychologie ?* publié dans le numéro 1 des *Cahiers pour l'analyse* et repris dans un recueil d'articles ; Canguilhem, *Études d'histoire de la philosophie des sciences*, Paris, Vrin, 1983.
5. Soit une manière nouvelle de gouverner non pas selon le mode de la souveraineté verticale et hiérarchique, mais selon une gestion horizontale des subjectivités.
M. Foucault, *Sécurité, territoire, population,* Paris, Gallimard-Seuil, 2004.
6. Thérapies cognitivo-comportementales.
7. On évoque le chiffre de plusieurs milliers de psychologues employés par des cabinets de conseil ou d'aide au management dans les entreprises. Cette tendance a été récemment amplifiée au titre de réponse à la vague de suicides survenue à France-Télécom. La revue *Psychologies Magazine,* dans son numéro de décembre 2009, propose « le premier indice de Bonheur intérieur brut » (*sic* !) élaboré par trois psychiatres d'orientations diverses (comportementaliste, psychanalytique et psychométricien). Le récent rapport officiel sur « la santé mentale » (voir plus loin) montre qu'il n'y a pas de quoi en rire.
8. Rappelons que certains départements universitaires décernent des diplômes « de psychanalyse ».
9. Son impact fut direct dans les négociations avec les ministères concernant les garanties universitaires requises pour les formations des psychothérapeutes.
10. Jacques Lacan, *L'envers de la psychanalyse,* Seuil, 1998.
11. Pour montrer la rigueur de la logique discursive lacanienne, il aurait fallu entrer dans le détail de l'écriture des lettres et des places, et en faire valoir les implications précises. Les limites de cet ouvrage ne le permettaient pas.
12. Intervention après la conférence de Michel Foucault « Qu'est-ce qu'un auteur ? », à la Société française de philosophie le 22 février 1969, *Littoral* n° 9, Toulouse, Érès, juin 1983, et *Dits et écrits*, t. I, Paris, Gallimard, 1994, p. 820.
13. En témoigne, parmi nombre d'autres, la formule suivante : « Deux siècles après ce glissement, appelons-le calviniste, la castration a fait enfin son entrée irruptive sous la forme du discours analytique », Jacques Lacan, *Le savoir du psychanalyste,* 6 janvier 1972, inédit.
14. Jacques Lacan, « Discours à Milan, 12 mai 1972 », in *Lacan in Italia, 1953-78,* Milan, 1978, p. 48.
15. *Idem, L'envers de la psychanalyse, op. cit.*, p. 34.
16. Michel Foucault, « Il faut défendre la société », Paris, Gallimard-Seuil, 1997.
17. *Idem*, *Dits et Écrits* II, *op. cit.*, p. 944,
18. Notion qu'il développe particulièrement dans le cours *Le pouvoir psychiatrique,* Paris, Gallimard-Seuil, 2003. Il convient de remarquer que ladite « fonction » enrôle à l'occasion divers corps de savoirs indépendamment de leur statut scientifique supposé (psychologies, neurosciences, etc.). Remarquons que la notion lacanienne de « discours de la science » n'a pas d'équivalent chez Foucault.
19. Le discours juridique en permet la démonstration simple, avec ses codes,

ses procédures, sa définition rigoureuse des faits juridiques, ses modalités précises d'imputation du sujet de droit. Il y a une production spécifique de la vérité, un régime de véri-diction juridique.

20. Dans un vocabulaire lacanien, on situerait ce registre dans l'ordre du discours universitaire, avec sa logique impérieuse de commandement du savoir.

21. Le terme «sujet» fait problème, bien entendu, dans le rapprochement que nous opérons entre Foucault et Lacan. «Sujet» reste chez Foucault pour l'essentiel pris dans son acception d'assujetti, la forme «sujet» étant ainsi par excellence celle de la gouvernementalité. Pris dans les discours, normé par les disciplines, se déduisant des savoirs, le sujet foucaldien est une production, avant qu'il ne soit ramené sous la bannière de l'idéal de la production de soi-même qu'il aura dans les derniers séminaires (Michel Foucault, *Le courage de la vérité*, Paris, Gallimard, 2009). Pour Lacan, le sujet n'est rien de cela, il est sans qualités, effet de la prise du corps dans le langage, et s'identifie à une coupure, il est sujet divisé. De sorte que ce qui est dit par Foucault des «sujets» ou des «modes de subjectivation» est le plus souvent à situer comme effets de subjectivité, que l'on rangera avec Lacan du côté du moi.

22. Pierre Dardot, Christian Laval, *La nouvelle raison du monde*, Paris, La Découverte, 2009.

23. *La santé mentale, l'affaire de tous. Pour une approche cohérente de la qualité de la vie.* Rapport remis à Madame N. Kosciusko-Morizet. Soulignons la qualité du destinataire : c'est bien en effet en tant qu'élément clé de la prospection économique qu'est pensée la santé mentale.

24. Signalons par exemple le «Pacte européen pour la santé mentale et le bien-être», Présidence de l'UE, 2008. Il est remarquable que, dans l'ensemble du rapport, la seule référence faite à la psychanalyse soit celle qui indique sa défiance à l'égard du concept de «santé mentale positive». Acceptons-en l'hommage. Gageons qu'en effet la résistance de «la France» à cette nouvelle rationalité du bonheur est due pour une grande part à l'influence de la psychanalyse.

25. Il est remarquable que l'idée d'une réglementation des pratiques dites psychothérapiques n'ait choqué nombre d'analystes que dans la mesure où ils craignaient d'y être eux-mêmes assujettis. L'hypothèse d'un contrôle des «charlatans» psychothérapeutes faisait plutôt consensus, et certains n'ont pas hésité à parler du «juste souci du législateur». Où va se nicher tout de même la passion du bien !

26. Et précisée par Lacan, *L'éthique de la psychanalyse, op. cit.*

27. P. Dardot, C. Laval, *La nouvelle raison du monde, op. cit.*, p. 402 *sq.*

28. Plus que l'ouvrage *Voulez-vous être évalué ?* Grasset, 2004, que Jacques-Alain Miller a écrit avec Jean-Claude Milner, on retiendra de ce dernier la critique serrée exposée dans son livre *La politique des choses*, Paris, Navarin éditeur, 2005.

29. Lacan, *L'envers de la psychanalyse, op. cit.*, et *L'éthique de la psychanalyse, op. cit.*

Chapitre V. Entre science et marché

La psychanalyse, nous l'avons dit, ne saurait être située hors de son temps. Elle n'aurait pu naître à un autre moment du développement de la science. Mais elle ne s'inscrivit pas dans sa filiation directe. Très vite il est apparu qu'elle devait tenir une position originale par rapport à la culture du XXe siècle. Quelle place pouvait-elle avoir entre l'invasion de la production technique née des progrès scientifiques et le développement conséquent des échanges marchands ?

Les analystes furent diversement sensibles à ce double aspect du monde moderne et répondirent à la question de façon parfois contradictoire. Sans retracer tous les méandres, nous nous en tiendrons aux positions de Freud et de Lacan.

Freud et la science

Freud le premier prit nettement position à l'égard de la science comme du marché. D'abord en se situant résolument du côté de l'esprit des Lumières, s'appuyant sur la référence scientifique du discours médical au nom de sa propre expérience de chercheur, et ne cédant en rien sur l'exigence de rationalité posée au principe de la psychanalyse. Les critiques qu'il formula à l'égard de la médecine sur son propre terrain – le champ de la psychopathologie – ne l'ont jamais été au nom d'un ineffable, d'un inexplicable, mais bien de l'exigence d'une autre raison, celle-là même qu'il s'efforçait de construire. Freud médecin rationaliste fit valoir une nouvelle raison, qu'il déclarait pourtant scientifique. Ce lien revendiqué avec la science de son temps, Freud en fit état d'abord au titre d'une éthique, d'une quête de la vérité, mais il le mit en pratique dans la modélisation même de ses constructions théoriques : sa référence de ce point de vue était avant tout biologique et énergétique, ce qui se constate depuis *L'Esquisse d'une psychologie scientifique* (c'est nous qui soulignons) jusqu'à ses constructions topiques de l'appareil psychique.

C'est ainsi que Freud commença sa pratique avec « l'arsenal thérapeutique » de son temps : l'électrothérapie, puis l'hypnose. Il reconnut vite que les fondements théoriques de la première « n'avaient pas plus de rapports avec la réalité que par exemple un livre d'oniromancie égyptien[1] ». De surcroît, derrière l'apparence scientifique du traitement électrique transparaissait une forte suggestion médicale. L'hypnose semblait considérer plus justement la place du sujet, même si elle était considérée comme « une charlatanerie dangereuse » par les professeurs en psychiatrie. Aussi Freud se tourna-t-il alors vers Charcot à Paris, vers Bernheim et Liebault à Nancy, et fit de l'hypnose son « principal instrument de travail ». Mais il opérait déjà un certain glissement dans la technique de l'hypnose. Il en usait moins dans son versant suggestif que pour « explorer l'histoire de la genèse du symptôme ». La psychanalyse pointait déjà sous l'hypnose, toujours plus proche de l'intime du patient.

Cette quête du sujet écarta bientôt définitivement Freud de l'hypnose – alors que nous voyons de nos jours cette pratique thérapeutique revendiquée par des gens qui furent psychanalystes. La démarche de Freud fut plus assurée que la leur, guidée par ce qu'il reconnaissait comme un « déterminisme psychique » qu'il avait su lire dans les dits de ses patients et sur lequel il fondait l'espoir d'établir son invention dans l'ordre scientifique[2].

La croyance que la psychanalyse devait, comme la physique, déboucher grâce à une méthode rigoureuse sur une vérité universelle ne quitta jamais Freud. « La contribution à la science consiste précisément dans l'extension de la recherche au domaine psychique. Sans une telle psychologie, la science serait, il est vrai, très incomplète » écrivait-il en 1933[3]. Pour lui, il ne faisait pas de doute que l'esprit humain devait être un objet de recherche scientifique et qu'à ce titre la psychanalyse devait être reconnue comme une branche de la science. Dans une partie ajoutée en 1925 à sa présentation par lui-même, Freud écrit qu'il a « toujours éprouvé comme une injustice grossière le fait qu'on ne voulait pas traiter la psychanalyse à l'instar de n'importe quelle autre science de la nature[4] ».

Faire de l'étude de l'inconscient l'équivalent d'une recherche botanique n'était-il pas une gageure ? Le sujet de l'inconscient ne s'offre pas à l'observation immédiate et la fleur ne cherche pas à tromper le botaniste. Cela, Freud ne pouvait l'ignorer mais jamais il ne renonça à cet idéal. Il soutenait qu'il fallait laisser aux concepts analytiques le temps d'éclore en science.

Des penseurs scientifiques s'émurent de l'impertinence freudienne et tentèrent de prouver le caractère non scientifique de la psychanalyse. La démonstration la plus pertinente est certainement celle de Karl Popper[5]. Ses deux arguments principaux sont que l'expérience scientifique doit pouvoir être répétée pour être valide, et être vérifiable. Aucune de ces deux conditions n'est en effet soutenable pour la psychanalyse où aucune analyse n'est comparable à une autre. Enfin un autre caractère de la science lui échappait définitivement : la transmissibilité sans perte. Mais les critères de Popper ne concernent que les sciences les plus dures. Ailleurs, l'élément perturbateur du sujet réapparaît d'où on croyait l'avoir chassé.

La position de Freud lui-même pouvait parfois refléter cette ambiguïté. Sa revendication de scientificité ne lui épargnait pas de s'interroger et de prendre des positions contradictoires par rapport à la télépathie. En effet, si les phénomènes que recouvre la transmission de pensée pouvaient être avérés, alors serait remis en question le déterminisme scientifique auquel Freud attachait la théorie de son invention. Les discussions furent rudes à ce titre entre lui et Ferenczi[6]. Freud cherchait à réduire ce qui lui semblait contraire à son ambition scientifique alors qu'il aurait sans doute fallu le prendre comme un signe que la psychanalyse ne pouvait ambitionner une pureté radicale.

Ainsi ne s'agit-il pas tant des élaborations et des contradictions de son inventeur que du mouvement même de la psychanalyse, discours en tension comme tout discours. C'est cette tension même qui permet de serrer de plus en plus près son objet. Mais c'est justement l'invention de la psychanalyse qui permet de mettre au jour cette caractéristique des discours humains, encore que la critique du capitalisme par Marx aurait pu en anticiper la révélation. Mais pour que cette connexion soit rendue sensible à chacun, il fallut le long progrès de la pensée analytique impulsé par Jacques Lacan.

Le frayage de Lacan

Lorsque Lacan, lors de sa première contribution à un congrès de la psychanalyse[7], tenta de présenter un modèle optique – le « stade du miroir » – pour expliquer la création et le devenir de l'instance du « moi », il ne fut pas compris. C'était pourtant sa façon de tenter de donner un cadre scientifique à une notion psychanalytique.

Cet insuccès ne le rebuta pas longtemps dans sa démarche pour poursuivre l'idéal freudien. Ainsi fit-il entrer dans la réflexion analytique des éléments d'autres disciplines qui pouvaient y apporter quelque éclairage, comme la théorie des jeux ou les sciences conjecturelles. Lacan attendait de ces voisinages des moyens pour clarifier les concepts psychanalytiques et aider à une transmission qui éviterait à la psychanalyse le double écueil de l'ésotérisme ou d'une philosophie facile.

De façon presque contemporaine à l'invention de Freud, la linguistique s'était élaborée sous l'impulsion de Ferdinand de Saussure[8]. Elle inaugurait la possibilité d'une certaine formalisation scientifique dans les sciences humaines. Et comme la psychanalyse est elle-même question de langage, Lacan puisa dans la linguistique une série d'éléments qui, comme le stade du miroir, furent progressivement adoptés même par ceux qui les avaient critiqués[9]. Ces éléments permirent à Lacan d'établir des formules autorisant l'articulation logique de notions freudiennes comme celles du fantasme ou de la pulsion. Et surtout ces avancées devaient l'amener à formuler sa thèse selon laquelle l'inconscient est structuré comme un langage.

Lacan put alors faire un bout de chemin avec Claude Lévi-Strauss, qui de son côté appliquait ce qu'il avait tiré des enseignements de Saussure à l'anthropologie[10]. Dans *L'Anthropologie structurale*, Lévi-Strauss voyait dans l'efficacité symbolique du chaman une proximité avec celle du psychanalyste. Pourtant Lacan et Lévi-Strauss devaient s'écarter l'un de l'autre. Dans son chapitre intitulé « L'efficacité symbolique » Lévi-Strauss en donnait des éléments prémonitoires en soutenant que dans la psychanalyse « c'est un mythe individuel que le malade construit à l'aide d'éléments tirés de son passé », alors que dans le cas de la cure chamanique « c'est un mythe social que le malade reçoit de l'extérieur et qui ne correspond pas à un état personnel ancien». Lévi-Strauss rendait compte ainsi d'une irréductible différence entre l'objet de la psychanalyse et celui de l'anthropologie, mais aussi de toutes les disciplines, thérapeutiques ou non, qui mettent en avant l'individu social. Ainsi la brouille de Lacan et Lévi-Strauss sanctionnait-elle moins leur désaccord personnel que la place du sujet dans leurs disciplines réciproques. Cette question de l'individu social et du sujet représente aujourd'hui une ligne de partage entre psychothérapeutes et psychanalystes, mais aussi entre certains praticiens de la psychanalyse. Le sujet tel que le définit la psychanalyse suppose l'inconscient et donc sa division. Il semble échapper à l'anthropologie, la sociologie et même la psychologie. Débarrassées de cette encombrante présence, ces disciplines en serviront d'autant mieux les « biens», soit l'économie et le pouvoir. Canguilhem, dans son article sur la psychologie, concluait, comme nous l'avons évoqué au chapitre précédent, qu'elle aurait trouvé comme moyen de se survivre « une glissade de toboggan du Panthéon à la préfecture de police[11] ».

À vrai dire, les efforts de Freud comme de Lacan pour établir un pont entre la pensée scientifique et la psychanalyse se sont heurtés à un hiatus fondamental. Il pourrait se dire ainsi : si la première propose un sujet transparent à lui-même, ayant pouvoir d'apprécier clairement ses objets et de décider de ses objectifs, il n'en est pas de même pour la seconde. En effet, la découverte fondamentale de Freud pose un sujet habité par un savoir qui lui échappe – l'inconscient – et mû par un désir dont les objets lui sont inconnus. Dit autrement : ce qui pourrait assurer sa jouissance ne peut être saisi par son savoir. Or ce serait dans ce savoir insu que résiderait la vérité du sujet. La quête de Lacan fut longue pour tenter de répondre à l'idéal de scientificité de Freud : ce n'est qu'en 1977 qu'il put proférer que la psychanalyse n'est pas une science. Il ajouta même : « Elle n'a pas son statut de science et elle ne peut l'attendre, l'espérer[12]. » Il étayait cette affirmation catégorique sur l'antinomie décrite plus haut, entre l'esprit de la psychanalyse et la pensée scientifique.

Pourtant il est indéniable que sans le développement de la pensée scientifique, Freud n'aurait pu faire émerger ce déterminisme particulier qui caractérise le psychisme humain. Et Lacan a pu montrer que, sans le pas du *cogito* cartésien, la psychanalyse n'aurait pu être inventée. Toutes antinomiques qu'elles soient, il y a entre science et psychanalyse une relation logique. C'est ce qui poussa Lacan à rechercher dans la topologie cette « logique molle » qui, sans identifier science et psychanalyse, permet à la seconde d'user des instruments de la première pour la dégager des illusions de la pure observation clinique. Cette démarche de Lacan est d'ailleurs une constante. N'a-t-il pas dit en 1969 : « Je n'ai pris de Saussure que comme on s'empare d'un instrument, d'un appareil à l'usage de bien d'autres fins que les siennes[13] »...

Rencontre de la logique marchande par Freud

Freud, on l'a vu, découvrit le capitalisme moderne lors de son voyage aux États-Unis en 1909. Outre le manque de culture et de rigueur scientifique[14], Freud dénonça alors plusieurs facteurs sociaux et économiques peu compatibles avec une pratique rigoureuse de la psychanalyse. Ils pouvaient se résumer en deux conditions propres à l'économie libérale de marché : la première était l'idéal d'aisance économique et la seconde tenait à la vitesse, autre caractère inhérent à l'*American Prosperity*. Remarquable dans les échanges économiques, le temps rapide gagne tous les comportements. Tout but défini doit être atteint sans trop attendre. Ce qui doit être ainsi gagné doit toujours être un résultat pratique, de biens comme de relation. C'est à cette aune que toute action est évaluable.

Double écueil pour la psychanalyse que cette exigence de vitesse et son évaluation. Un but fixé au départ d'une cure a toute chance de ne se référer qu'à une forme névrotique de l'idéal du patient et renvoie à la compétition organisée par la société capitaliste entre ses membres. Dans une lettre à Arnold Zweig, Freud a souligné qu'« une analyse est un lent processus » (13 juin 1935), ce qui est difficilement compatible avec une culture où le but, une fois défini, doit être atteint le plus vite possible. Cette frénésie est cohérente avec la manière dont s'organise le lien social de la société libérale. Dans ce contexte, la personne qui s'adresse à un « thérapeute » met en avant un empêchement de sa vie, une gêne ou une répétition qu'il demande de faire disparaître au plus vite.

Dès l'origine de la psychanalyse, des élèves de Freud ont cru pouvoir répondre à ce type de demande. l'expérience montre qu'ils ont dû sortir du cadre de l'analyse, malgré les avertissements de Freud. Ce qu'il en vint à appeler « le cas Rank » en est l'exemple princeps. Ce travailleur acharné que Freud protégea longtemps produisit en 1924 un ouvrage, *Le traumatisme de naissance*, qui réduisait à cet événement éponyme l'essentiel des conflits internes d'un individu. La séparation d'avec la vie intra-utérine, que chacun rêverait de retrouver, représentait le trouble majeur. C'était l'événement réel dont il fallait aider le patient à approcher puis à dénouer par renoncement à la jouissance fœtale. On pouvait ainsi se passer de l'analyse de la fonction paternelle ou de celle du fantasme et autoriser une rémission rapide des symptômes avec réadaptation sociale harmonieuse. Accordons à Rank le bénéfice du doute. Sa demande n'était dirigée que par la passion de la guérison et non par la séduction de l'*American Prosperity*. Mais il reste que son projet était cohérent avec la *prosperity* et la vitesse.

Or cette société est maintenant la nôtre avec quelques perfectionnements qui la rendent encore plus performante et exigeante. La vitesse de l'information favorise des échanges économiques purement virtuels et le renouvellement effréné des produits de consommation tente de faire évacuer toute idée de manque par un remplacement systématique de tout ce qui pourrait simplement le figurer. Cependant la permanence de la névrose indique que sa fonction inconsciente est inchangée, même si les formes peuvent en être si différentes que certains praticiens de la psychanalyse, on l'a vu, sont prêts à collaborer en rendant au consumérisme ceux qui tenteraient d'y échapper. Lacan a pourtant encouragé ceux qui l'ont suivi à ne pas baisser les bras devant ceux qui y seraient pris, arguant que la « perspective d'un accès aux biens de la terre [était] aussi une façon d'arriver chez le psychanalyste et de présenter sa demande[15] ». À ce titre, ni le *golden boy*, ni le « sujet de la civilisation scientifique » ne sont à exclure de la pratique analytique, pas plus que le prolétaire – Freud n'encourageait-il pas la pratique des séances gratuites ? Il en va de la responsabilité et du tact de chaque praticien pour que la contribution demandée ait un sens par rapport aux moyens de l'analysant, mais surtout à sa position subjective quant au don. Ceux qui se veulent psychanalystes sont eux-mêmes embarqués dans cette course aux biens et ce n'est pas en sacrifiant aux sirènes de la prospérité qu'ils seront fidèles à l'éthique qui devrait être la leur. Ce qui sera sacrifié alors, ce sera la psychanalyse, soit qu'ils cèdent à la tentation culturelle de faire vite, soit qu'ils visent leur confort propre, soit encore que leur souci premier soit de « guérir ». Dans tous ces cas, ils auront quelques chances d'atteindre un idéal social qui sera très efficace à leur faire oublier la psychanalyse tout en croyant la défendre. Ce qui nous amène à réfléchir encore une fois sur les liens qui unissent l'analyse à la société dans laquelle elle est plongée. C'est à cette question que la théorie des discours tente d'apporter une réponse.

Lacan avec Marx

Lacan fut le premier à repérer qu'il y avait une certaine communauté de structure entre ce qu'il avait pu formaliser de la découverte freudienne et les propositions de Marx. Celui-ci avait su reconnaître le ressort même du capitalisme dans un tour de passe-passe : une part non comptabilisée de la force de travail du prolétaire était détournée au profit du capital[16]. Freud avait appris, par sa pratique, que ce qui représentait une jouissance refusée par le sujet était rejeté dans l'inconscient. C'était le ressort du refoulement. Et, tout comme la plus-value du capital, cet insu ne restait pas inactif et participait à la formation du symptôme. Dans la plus-value comme dans le refoulement il y a distraction d'une part de jouissance, que ce soit par effet du capitalisme ou du refoulement. Il fallut attendre 1968 pour que Lacan établisse la correspondance entre plus-value et ce qu'il appela le « plus de jouir », s'agissant dans les deux cas d'un point de recel. C'est d'avoir petit à petit élaboré le discours de l'analyste qui avait mis Lacan sur la voie où il devait retrouver Marx.

Dans les années 1960, il avait conçu l'hypothèse d'un curieux objet, qui se substituait à l'objet perdu de toujours qui, selon Freud, provoquait la course sans fin du désir. Lacan écrivit *a* cet objet inédit et sans consistance qui s'inscrivait à la limite de ce qui pouvait se dire de la jouissance du corps. Il permettait ainsi de pouvoir écrire à la fois cette limite du symbolique et le réel qui était au-delà. La théorie des discours permettait de montrer comment cet objet *a* avait sa place dans chacun des discours. Dans le discours du maître, l'objet *a* était produit par le travailleur. Ici Lacan pouvait rejoindre Marx qui avait dénoncé, par la notion de plus-value, le détournement de jouissance caché par le capitalisme. Ainsi Lacan put-il montrer que le hiatus révélé par Marx était généralisable. Tout comme le capitalisme, aucun discours n'échappe d'avoir à régler à sa façon particulière la question de la jouissance, en se révélant impuissant à articuler sa production en termes de vérité.

Retour aux discours

Le rapport de Lacan à la science et au marché fut d'une tout autre ampleur et d'une autre nature que chez Freud. D'une tout autre ampleur, car il leur consacra jusqu'à la fin un temps et une place décisifs dans sa doctrine ; d'une autre nature, car il s'efforça de situer structuralement le discours analytique au regard de ce qu'il nomma discours de la science et discours du capitaliste. Il y a chez Lacan une théorie de la science comme il y a une théorie du capitalisme, ce qui n'est évidemment pas le cas chez Freud. Plus encore, il y a une théorie des discours de l'une et l'autre. Si le rapport aux sciences et aux élaborations logiciennes les plus récentes montre un Lacan hanté par l'exigence de rigueur qu'il souhaite donner à la psychanalyse, son propos en tant que psychanalyste est aussi celui de montrer les effets subjectifs, les effets sur le lien social de ce qu'il nomme « discours de la science ». De même, le crédit qu'il fait à Marx d'avoir livré le secret du capital en donnant son statut à la plus-value ne l'empêche pas de donner sa propre version du type de lien social produit par la logique capitaliste. D'où il ressort une tension renouvelée du discours analytique avec les autres.

Lacan se sépare du modèle de la dialectique maître/esclave emprunté à Hegel en proposant un maître qui ne veut rien savoir, coincé entre l'esclave philosophe qui tente de lui apprendre quelque chose et l'hystérique qui lui demande en quoi elle pourrait être précieuse pour sa jouissance.

Cette présentation succincte résume l'état premier des relations entre les trois premiers discours tels que Lacan les a élaborés à partir du séminaire *D'un Autre à l'autre*, en 1967-1968. Tout récalcitrant qu'il soit, le maître finit par être contaminé par ses voisins, si contradictoires que soient leurs messages.

L'université a pris le relais de l'esclave philosophe, mais n'a cessé de produire un savoir pour le maître jusqu'à ce qu'il devienne un savoir de maître, qui spolie le prolétaire du sien. De son côté, l'hystérique a pu lui infuser que l'essence du savoir était sexuelle, éveillant du même coup un semblant d'attention du côté du maître – un rapport au savoir que Freud a été le premier à saisir en vérité.

Une précision : nous avons utilisé le verbe *infuser* pour caractériser la façon dont l'hystérique a pu faire passer un peu de goût du savoir au maître, car Lacan privilégiait ce mode contaminant de la culture plutôt que le message direct. C'est de la même manière que le maître reçoit « l'enseignement » de l'université, davantage par imprégnation progressive que par véritable compréhension. Ainsi est-il passé au discours capitaliste, inaugurant un lien nouveau.

Jouant sur la peur du manque que chacun peut ressentir, le marché déverse de quoi faire oublier à chacun que ce manque, inhérent à l'être parlant, ne peut être comblé par aucun des produits offerts à la convoitise du chaland. D'un manque intime propre à chaque sujet, où Freud reconnut « l'objet perdu », produit de la première séparation vitale, le marché fait un métonymique argument de vente. Le gadget du commerce se présente, sans le dire, comme suffisant à combler un vide originaire, usant du même ressort qu'un « coup de foudre». Nous touchons à ce que l'on a pu appeler la « sexualisation du marché» où l'on peut voir transparaître l'influence du discours de l'hystérique.

C'est ainsi que certains comportements semblent dépendants des incitations qu'implique la domination du marché. L'anorexique fait la grève de la consommation, a pu dire Lacan. À l'autre extrême du même gradient, l'acheteur compulsif obéit au commandement surmoïque du discours dominant. Ces deux exemples montrent que c'est grâce à la structure subjective, ordonnancée par celle du langage, que le discours du marché peut organiser son entourloupe. Mais les chalands ne sont pas dupes très longtemps. Le jeu du marché est alors de leur proposer, selon la logique métonymique empruntée à la structure du désir, un autre objet en toc qui fera l'affaire un temps. Hors de tout besoin, mais surtout en deçà de tout désir, l'obsolescence des objets du commerce précipite un renouvellement rapide propice à l'économie.

Quant au discours de la science, la psychanalyse ne l'ignore pas mais rétablit le sujet en sa place. Ainsi objecte-t-elle d'un côté au discours capitaliste en permettant au sujet de refuser les leurres que celui-ci lui présenterait ; et de l'autre, l'analyse rend au sujet la fonction qui lui a été dérobée par le discours de la science. Le moindre récit de rêve, le plus délicat amour, la plus tenace haine si longtemps cachée permettront d'aborder ce à quoi le sujet se refusait pour préserver ce qu'il tenait de façon illusoire pour le plus précieux.

La psychanalyse est née de cette science qui a offert un savoir au maître. Elle ne peut oublier que c'est à l'écoute de l'hystérique qu'elle a appris que la division du sujet et son effet de symptôme pouvaient mener la danse qui s'appelle névrose. Elle découvrait du même coup que les discours ne sont pas enclos dans leurs raisons, qu'ils peuvent tourner. Le passage, que l'on peut dire expérimental, du discours de l'hystérique à celui de l'analyste dans la cure en est l'indubitable témoignage. Ce passage atteste du même coup le synchronisme des discours et leur nécessaire confrontation, qui implique des transformations de l'un au passage de l'autre. Ainsi Lacan présume-t-il que c'est moins par transmission que les messages passent de l'un à l'autre que par ce genre de contamination.

Les quatre discours obéissent aux lois du langage dont ils sont les effets. En cela, le rejet des symboles qui semble caractériser notre époque est à relativiser. Si ce temps plus que tout autre est pris de passion pour le signifié et l'image, les rêves, les lapsus, les amours et autres actes manqués continuent de témoigner de la présence de l'inconscient. Même s'ils en ont souvent horreur, leurs inconscients occupent toujours nos contemporains et ils ont toujours structure de langage, ce qui laisse ouvert le champ de la psychanalyse. La parole analysante s'articule toujours à partir d'un discours qui n'est pas celui de la psychanalyse. Il ne faut pas oublier que si Freud eut à se déprendre de l'emprise médicale, c'est cependant à partir de la pratique médicale que la psychanalyse a pris son élan. Le quiproquo de l'origine ne s'est jamais tout à fait dénoué et tient lieu de semblant originel. Le lien à la médecine s'est révélé la fiction suffisante à ce que la psychanalyse puisse être accueillie dans la ronde des discours et du même coup les révèle. Cette fiction soutient largement le procès qu'une politique s'organise entre l'analyse et les psychothérapies, et dont la fin non dite est bien le silence définitif de l'analyse.

Les psychothérapies ne s'arrogent pas la place des laboratoires pharmaceutiques mais leur apportent main-forte, grâce à laquelle tout le monde doit être à même de tenir dans la société une place qui est d'abord un poste de travail. L'idéal serait que chacun fût désigné à une de ces places, s'y tienne et consomme en fonction de ce que lui permettent les revenus de ce labeur déterminé. Toutes les thérapies visent à cette fin mais la psychanalyse y déroge. Le rétablissement du sens du désir inconscient d'un sujet est son but. Celui qui est parvenu à savoir un bout de ce qui le meut est libre de se couler ou non dans le moule social.

Encore un effort...

Déjà contaminé, à n'en pas douter, par le discours du maître via celui de l'université, il est un courant de la pensée analytique qui confond, nous l'avons dit, le sujet tel que la psychanalyse le définit avec celui de la sociologie. Ce courant n'établit pas la subjectivité dans l'inconscient mais dans l'énoncé offert par le social, opération qui annule le message de la psychanalyse. Elle est exemplaire d'une forme de transmission qui, sous le prétexte de faciliter l'appréhension de la psychanalyse, la sacrifie en fait en usant de moyens qui lui sont incompatibles et même létaux. Freud ne s'y était pas trompé lorsqu'il suggéra ironiquement à Rank de tester ses hypothèses au moyen de la statistique. Certaines entreprises l'ont très bien compris, qui proposent des « tickets-psy » comme il y a des tickets-restaurant. Cette manœuvre implique de leur part un souci thérapeutique qui vise à faire cesser les comportements qui ne vont pas dans le sens de la « culture-maison ». S'attacher à les remettre dans l'ordre est commandement à jouir qui n'est qu'ordre de faire.

En traitant le symptôme social sans viser au-delà il y a toute chance d'aider les patients à oublier leur désir et peut-être à abandonner leur symptôme pour un autre, plus secret mais non moins ruineux. Quant aux praticiens de la psychanalyse qui s'y seront prêtés, ils auront simplement rendu leur discipline un peu plus serve au discours dominant. Dans leur appétit de reconnaissance, ces praticiens sont souvent les premiers organes de transmission de la mise à l'écart par la société du risque analytique. Ils agissent en général à leur corps défendant, expliquant à qui veut l'entendre que leurs concessions à l'air du temps et aux incitations du pouvoir visent à permettre la survie de la psychanalyse.

D'autres professent que l'analyse serait un métier, qu'une simple décision ferait l'analyste, et qu'un diplôme viendrait offrir la garantie de l'État. Ainsi, la psychanalyse pourrait se réduire à une technique. Le maniement du transfert, le jeu sur les pulsions, la reconnaissance des identifications ou de la fonction du fantasme, toutes ces données de la cure pourraient se résoudre par cette technique. Mais outre le fait que ces données ne sont pas générales et encore moins exactes, puisque propres à chaque sujet, la relation actuelle des techniques avec l'économie s'oppose à cette façon de voir. L'allégeance des connaissances contemporaines aux puissances d'argent est rendue patente par la nécessaire performativité des techniques issues de ces connaissances. L'investissement, propre à toute technique, doit produire un enrichissement ou une puissance, en lieu et place de vérité. S'il y a un investissement dans la psychanalyse, il ne provient d'aucune puissance d'argent issue de l'économie sociale mais bien de la mise d'une personne, et sa visée n'est en rien une plus-value. Le gain escompté se mesure à celui qui se fera, pour cette personne, par rapport à ce savoir insu d'elle-même. Ce gain ne se transforme que rarement en bénéfice capitalistique. Cette articulation à un savoir non comptable pourra s'appeler une « pratique ».

Cette pratique, dont la règle principale est la non-orientation des pensées, se prive de toute « application », comme par exemple la disparition d'un symptôme. Pas non plus d'applications directes des concepts ni de commercialisation possible. L'expression « crédit de recherche », réponse du capitalisme à l'incertitude de la recherche, pourrait trouver un juste sens en psychanalyse puisqu'il s'y agit moins d'un crédit bancaire que d'une confiance accordée à un processus dont l'issue est atteinte sans être cherchée – et à condition même de laisser de côté toute idée de but. Le « contact » avec le discours dominant existe cependant, ne serait-ce que par l'usage de la monnaie comme validant la séance. Mais cette validation respecte pourtant l'équivoque, levier du discours de la psychanalyse, selon qu'elle se présente en termes de « valoir ». Aussi, pour qu'elle garde sa puissance de levier, faudrait-il proscrire dans la pratique tout tarif, si rassurant pour le praticien comme pour le patient ; car il ne représente en rien le sujet mais bien plutôt les « besoins » du praticien, soit son allégeance au système.

Lorsque Freud écrivait que l'analyse était « un lent processus », il parlait alors de l'expérience individuelle mais cet avis est tout aussi valable pour l'avancée de la discipline elle-même. Tout comme la science, elle a besoin de temps pour poursuivre son élaboration. Deux écueils : le premier, déjà souligné, est le recours à une position dogmatique ; le second, propre à la psychanalyse, tient à la dispersion de ses résultats. Les recherches et les travaux pertinents ne manquent pas mais tout se passe comme si chacun marchait à l'aveugle. Rares sont ceux qui se tiennent au courant des propositions des autres, y compris par médias numériques. Comme si une résistance propre, différente de celle qui opposera toujours toute culture à l'hypothèse de l'inconscient, freinait l'avancée de la transmission des connaissances. La science, au contraire, a les moyens de proposer une progression collective devant les « problèmes » qu'elle pose. Mais ce privilège n'est-il pas justement le corollaire de son exclusion du sujet ? Les quelques accrocs dans la progression des connaissances intervenus dans le champ des sciences tenaient à l'extrême nouveauté des propositions qui se heurtaient au discours dominant (Galilée, Pasteur). Mais une fois adoptées, ces découvertes ont ensemencé tout un courant de la science. Le champ particulier de l'analyse ne favorise pas une telle transmission, en dehors de quelques initiateurs, comme Freud, Melanie Klein et Lacan. Leurs noms servirent ensuite des positions magistrales et la tendance à faire dogme et à nourrir ainsi de nouvelles résistances à la psychanalyse. Comment ne pas servir le maître si l'on sert son discours ? Comme les techniques qui visent à rendre l'individu opérant en réduisant son symptôme, ces groupes ne vont pas dans un sens de subjectivation. l'inconscient est encombrant lorsque la préférence va à la performance. S'il est possible de le négliger un temps ou même de refuser les formations de l'inconscient, il faut alors s'attendre à quelque irruption intempestive. Car quelle que soit la puissance de nier que comporte le discours du pouvoir au regard de l'inconscient, celui-ci résiste à toute éradication. La détresse devant un acte manqué, un lapsus réitéré ou une passion irruptive, est d'autant plus grande qu'un sujet est pris dans une culture construite sur ce démenti. On verra s'effriter l'autorité du décideur, l'inventivité du chercheur ou les performances du sportif. Peut-être voudront-ils, sans le savoir, opérer un recours qui ne pourra guère être qu'une réconciliation avec leur inconscient, et alors, même s'ils retournent à leur discours aliénant, leur position sur la cause de leur angoisse aura changé. Ils ne pourront être amenés jusque-là que par un partenaire qui ne sera pas complice de cette aliénation mais qui en saura un bout pour l'avoir lui-même traversée.

Ainsi, l'analysant peut prendre appui sur sa division même pour écarter les illusions du marché sans pour autant se retirer du commerce des hommes. Car cette pratique du un par un promet à celui qui s'y applique un rapport à la société souvent plus ouvert.

1. Sigmund Freud, *Sigmund Freud présenté par lui-même*, trad. Fernand Cambon, Paris, Gallimard, 1984, p. 29-30.
2. Sigmund Freud, *Psychopathologie de la vie quotidienne* (trad. S. Jankelevitch), Paris, Petite Bibliothèque Payot, p. 257 : « certains actes en apparence non intentionnels se révèlent lorsqu'on les livre à l'examen psychanalytique, comme parfaitement motivés et déterminés par des raisons qui échappent à la conscience. » Et ce livre accumule les preuves que les lapsus, les actes manqués et autres formations psychiques sont consciemment mais rigoureusement déterminés. Ainsi p. 275-276 : « Je crois qu'une manifestation non intentionnelle de ma propre activité psychique me révèle quelque chose de caché qui à son tour n'appartient qu'à ma vie psychique. Je crois au hasard extérieur (réel), je ne crois pas au hasard intérieur (psychique). »
3. Sigmund Freud, *Nouvelles conférences d'introduction à la psychanalyse*, (1993), Paris, Gallimard, 1984, p. 212-213.
4. *Ibid.*, p. 98.
5. Karl Popper, *Le réalisme et la science* (trad. A. Boyer et D. Andler), Paris, Hermann, 1990, p. 180-192.
6. Cf. Michael Turnheim, « Freud le médium (notes sur l'affaire de la télépathie) », in *Psychanalyse*, n° 12, mai 2008, Ramonville-Saint-Agne, Érès.
7. Jacques Lacan, *Écrits*, Paris, Le Seuil, 1966, p. 93-101. Le texte de l'intervention de 1936 attendit 1949 pour trouver sa version remaniée et paraître.
8. Ferdinand de Saussure, *Cours de linguistique générale*, publié par Ch. Bally et A. Sechehaye, Paris, Payot, 1969.
9. Jacques Lacan, *Écrits*, *op. cit.*, « Fonction et champ de la parole et du langage en psychanalyse », p. 237-322.
10. Claude Lévi-Strauss, *Anthropologie structurale*, « L'efficacité symbolique », Paris, Plon, 1958, p. 220.
11. Jacques Lacan, *Écrits*, *op cit.*, p. 859. Cf. aussi note 4, p. 116 du présent ouvrage.
12. *Id.*, *L'insu que sait de l'une bévue s'aile à mourre*, séminaire inédit, version AFI, leçon du 11 janvier 1977.
13. *Id.*, *D'un Autre à l'autre*, séminaire inédit, version AFI, leçon du 18 juin 1969.
14. Sigmund Freud, *Sur l'histoire du mouvement analytique* (trad. C. Heim), Paris, Gallimard, 1991, p. 59.
15. Jacques Lacan, *L'éthique de la psychanalyse*, Paris, Le Seuil, 1986, p. 258.
16. « Un sujet, c'est ce qui peut être représenté par un signifiant pour un autre signifiant, mais est-ce que ce n'est pas là quelque chose de calqué sur le fait que, valeur d'échange (le sujet dont il s'agit dans ce que Marx déchiffre, à savoir la réalité économique), le sujet de la valeur d'échange est représenté auprès… de la valeur d'usage. Et c'est déjà dans cette faille que se produit, que choit ce qui s'appelle la plus-value. Ne compte plus à notre niveau que cette perte, non identique désormais à lui-même, le sujet, certes ne jouit plus mais quelque chose est perdu qui s'appelle le plus de jouir. » Jacques Lacan, *D'un Autre à l'autre*, *op. cit.*, leçon du 13 novembre 1968. On se référera aussi à Karl Marx, *Le Capital*, livre I, Troisième section, chap. VII, Paris, Garnier-Flammarion, 1969, p. 151.

Épilogue circonstancié

Disons et redisons pour conclure que la psychanalyse est une découverte jeune. Quand Lacan a dit d'elle qu'elle était « partout» mais que les psychanalystes étaient « autre part», il visait sans doute un engouement de l'époque et il ne s'en réjouissait pas spécialement. Aujourd'hui, la psychanalyse n'est plus partout – on voudrait même qu'elle ne soit nulle part – mais les psychanalystes sont-ils autre part, ou plutôt comment peuvent-ils persévérer à être autre part que partout ?

Ce n'est pas révéler un secret que de noter que la diaspora psychanalytique ne fait pas ensemble, ce qui est à marquer d'un signe positif si l'on considère que doit primer le rapport singulier de chaque psychanalyste à la psychanalyse et non son obédience institutionnelle. Cependant, cela ne doit pas signifier l'absence de frontière, sous peine de voir la psychanalyse se diluer, que ce soit dans la médecine ou la psychologie, voire dans une sociologisation culturaliste, ou se perdre dans le continent bariolé en gris des psychothérapies. Un psychanalyste se doit donc de prendre garde à ne pas voler trop vite au secours des idéologies maintenant dominantes. Il se doit aussi de ne pas céder aux sollicitations des sirènes qui lui proposent de revenir « partout» à la condition de n'être plus là pour ses analysants.

Ainsi, quant aux idéologies, l'idée d'une civilisation sans refoulement, que laissent accréditer tels psychanalystes, nous semble non seulement fausse, mais dangereuse. Le refoulement n'est pas lié à telle ou telle forme d'organisation sociale mais au fait que les humains sont des êtres de langage. C'est le langage qui interdit à celui qui s'en saisit de s'inclure dans le dire au moment où il dit.

Cette raison radicale du refoulement ne se dissoudra pas, même quand les poules, grâce à la génétique, auront des dents. Le danger d'une telle conception est de rendre sans objet ni enjeu la psychanalyse. Ce qui est vrai en revanche, c'est que les modalités de demande à l'adresse des analystes ont changé, qu'elles se rapprochent désormais souvent d'un objectif à court terme, éradication du symptôme handicapant, soulagement de l'angoisse ou de l'inhibition, voire d'un objectif proche de celui du coaching. En somme, il y aurait là comme un retour aux temps héroïques de la psychanalyse, mais ce retour est une spirale, non un recommencement. Il incombe au psychanalyste non pas de refuser de s'engager sur de telles bases, mais de prendre un soin encore plus attentif à ce que Lacan appelait « entretiens préliminaires ». Freud distinguait déjà préparatifs de voyage et voyage proprement dit : la distinction est plus actuelle que jamais et elle exige de l'analyste de ne pas préférer le confort de l'abdication à l'aléa de son acte.

Quant aux sollicitations, notamment médiatiques, dans la mesure où la psychanalyse n'est pas vaccinée contre la « pipolisation », l'affaire est plus complexe. Qu'un(e) psychanalyste intervienne à la télévision sur des sujets dits de société, pourquoi pas, si c'est pour rappeler que la loi ne peut rien sans son interprétation par un sujet et que cette interprétation est toujours un risque, ou encore si c'est pour se refuser à l'expertise psychiatrique de tel ou telle qui fait la une de l'actualité.

Aller au-delà de cette limite équivaudrait à transformer Samuel Beckett en Alain Finkielkraut. Seul Lacan a réussi à ouvrir en sens contraire la lucarne télévisuelle en transformant son intervention en performance, au sens que ce mot a dans l'art contemporain.

Plus délicat encore est le statut de la psychanalyse à l'Université. Même après mai 1968, il n'avait pas été possible, sinon pour l'exception que constitua Paris VIII-Vincennes, d'obtenir la reconnaissance du signifiant « Psychanalyse » comme tel. Sur ce point, la reconnaissance d'un master de psychanalyse, sans adjonction étrangère, constitue un pas qu'il faudrait saluer s'il ne comportait, insidieusement, le risque d'accréditer l'idée que la formation du psychanalyste pourrait se satisfaire d'un tel diplôme en l'accompagnant d'un menu détour par une cure psychanalytique...

Revoilà donc le problème névralgique de cette « formation du psychanalyste » que nous préférons dénommer « passage de l'analysant au psychanalyste ». Ce problème fait partie de la formation elle-même. Dans la communauté psychanalytique mondiale, il existe, quelles que soient les références épistémiques, un consensus pour considérer qu'un psychanalyste ne peut advenir qu'à partir de sa cure. À cet égard, la formule dont Lacan a fait un commencement, « un analyste ne s'autorise que de lui-même », ne fait que tirer la conséquence de ce consensus. Cette logique empêche quiconque de voler à l'analysant la charge de son passage à l'analyste. Elle prémunit le futur analyste contre une inféodation à son propre psychanalyste ou à l'association à laquelle il appartient. En clair, « nommer quelqu'un comme analyste, personne ne peut le faire et Freud n'en n'a nommé aucun[1] ».

De ces considérations, il apparaît que le passage du psychanalysant au psychanalyste, à cause de son caractère inédit et singulier qui introduit une nouvelle donne en se démarquant de toute procédure diplômante et de toute évaluation par un pèse-personne, est, quels que soient les positionnements des psychanalystes vis-à-vis de la passe, le lieu focal de leur lien intrinsèque à la psychanalyse. Détruire ce lieu, c'est détruire la psychanalyse.

En 1926, c'est la médecine qui a été instrumentalisée pour démettre la psychanalyse de la charge de ce lieu sans lequel elle s'annule. En 2004, c'est la psychologie qui a été appelée à la rescousse pour renouveler, dans les conditions du nouveau siècle, l'attentat manqué de 1926. On mesure pourquoi Lacan a dû se démarquer de Lagache qui rêvait de voir la psychanalyse englobée dans une psychologie générale, sans voir que toute psychologie étant fondée sur le postulat que l'inconscient est une erreur cognitive de jugement, la psychanalyse était vouée, selon cet axiome, à s'effacer devant l'évangélisation du réel par la raison. Un humain sans symptôme, c'est-à-dire mortifié, telle est l'utopie qui a ravagé le socialisme, et dont le capitalisme se sustente encore.

Comment s'orienter alors ? Il est vain, même si c'est honorable, de se contenter d'une résistance. L'ambition des signataires de ce livre est de créer un espace politique où il deviendrait possible de débattre non pas de la place de la psychanalyse dans la cité, mais de la place de la cité dans la psychanalyse, afin que non seulement l'impact insurrectionnel de la découverte freudienne ne soit pas perdu, mais qu'il soit revivifié à l'aune des impasses et des issues qui se profilent dans les civilisations déclinantes ou émergentes que nous habitons.

1. Jacques Lacan, « Préface à l'édition anglaise du *Séminaire XI* », (17 mai 1976), dans *Autres écrits*, Paris, Le Seuil, 2001.

Manifeste pour la psychanalyse*

Nombre de mesures que prend l'actuel gouvernement vont dans le sens d'une restriction des libertés et des responsabilités individuelles. Le projet de loi visant à réglementer l'usage du titre de psychothérapeute en impliquant les associations de psychanalyse par le biais de leurs annuaires s'inscrit dans ce processus.

En accord avec notre pratique et en cohérence avec la raison psychanalytique, nous appelons à s'opposer à ce projet de loi.

*

En tout premier lieu, il faut situer le contexte de ce souci de réglementation. Il s'agit de l'une des dispositions d'une loi de santé publique, dont la philosophie est précisément explicitée dans un rapport sur la psychiatrie demandé par le ministre dans la même période et qui confirme l'orientation des politiques de ces deux dernières décennies. La médicalisation de la psychiatrie va de pair avec son dépérissement, tandis que l'inflation de la demande de psychothérapie

---

* Pétition lancée en février 2004, disponible sur le site www.manifestepourlapsychanalyse.org

est encouragée et organisée. Les réponses proposées dans le champ de la santé sont préférentiellement orientées vers des solutions techniques standardisées qui se juxtaposent : à la prescription massive de psychotropes, on ajoute désormais la prescription de parole (deuils, traumatismes, viols, harcèlement, etc.). Il s'agit aujourd'hui d'enserrer cette proposition sociale de « psychothérapie » dans les règles bureaucratiques qui déferlent dans le champ médical.

En effet, l'évaluation, les « recommandations de bonnes pratiques » font partie de l'appareil qui a rapidement fait passer l'hôpital à un statut d'entreprise, sous le règne du discours administratif. La médecine libérale connaît le même sort, et le marché énorme des « psychothérapies » doit y être rapidement inclus. Cette évolution majeure ne touche pas seulement la médecine ; bien d'autres pratiques connaissent le même encadrement soupçonneux. Le sort qui sera fait à la psychanalyse aura des conséquences bien au-delà d'elle-même : chercheurs, créateurs, artistes sont confrontés au même enjeu.

*

Or, en tant que science du sujet et de la subjectivité, la psychanalyse ne saurait, sans se renier, se prêter à une quelconque gestion administrative. Qu'un psychanalyste ne soit pas ignorant des savoirs hétérogènes (clinique psychiatrique, psychopathologie, sciences sociales, juridiques, politiques, littérature, etc.) qui peuvent et doivent éclairer son action est une chose. Mais, quels que soient les diplômes et les compétences qu'il possède, un psychanalyste est confronté à une pratique qui ne se réduit pas à l'application de connaissances. Chaque psychanalyse est une expérience singulière qui déroute tout programme et toute garantie a priori. Elle se fonde sur un rapport au symptôme qui vise à en extraire la vérité et non à l'éradiquer en vue d'une normativité. En ce sens, elle est antagonique de toute psychothérapie. D'autre part, alors même que ses effets thérapeutiques sont avérés, il faut rappeler que la psychanalyse est née du refus de subordonner son action à la suggestion, ce en quoi elle se démarque encore de la psychothérapie.

*

La formation des psychanalystes ne saurait s'envisager sans tenir compte de cette spécificité de la psychanalyse. Dans ce domaine, la grande difficulté a trait à ce qui constitue la formation qu'un psychanalyste peut considérer comme véritable pour s'autoriser à exercer la psychanalyse. La demande de l'État vise nécessairement à substituer à ce qui fait question pour chaque analyste la réponse d'une instance quelconque – qu'elle soit d'État ou qu'elle reste celle des associations analytiques importe peu –, garante de sa légitimité. Or, même si diverses associations se plaisent aujourd'hui à souligner leur communauté de point de vue en réponse à la demande sociale, il n'en reste pas moins que la question de la formation n'a cessé de hanter la communauté analytique, y provoquant débats et divergences. Au point que l'on peut affirmer aujourd'hui que l'existence de cette question de la formation des analystes fait partie de la formation même. Les diverses associations qui s'opposent sur des éléments décisifs de la formation et de la reconnaissance par les pairs en sont la preuve vivante, dont témoigne tout autant le fait qu'il existe un nombre très important d'analystes qui ne sont pas inscrits dans une association.

Devenir analyste est toujours une décision anticipatrice. Celui qui prend cette décision, même s'il est autorisé par une hiérarchie, l'a déjà fait quand il le demande. Il inaugure ainsi le mode de solitude qui sera le sien, à chaque fois, dans son acte par rapport à un analysant, jamais le même, jamais équivalent. Aucune autorisation ne peut soutenir cette solitude en se consignant dans une liste, chaque liste s'ajoutant à l'autre dans un ensemble qui les contiendrait toutes.

La question de savoir comment peut s'authentifier ce franchissement qui consiste dans le passage de l'analysant à l'analyste doit donc rester ouverte. Mais c'est un fait : quand un analysant prend cette décision de se dire « analyste » et même s'il le fait après consultation d'autres analystes, y compris le sien, il engage toujours un désir dont il est le seul à pouvoir répondre.

*

Certains estiment satisfaisant le projet de loi voté par le Sénat : selon leur lecture, il respecterait l'entière liberté de la pratique analytique tout en dispensant les psychanalystes inscrits comme tels dans les listes de leur association de l'enregistrement préfectoral exigible des psychothérapeutes non médecins et non psychologues. Outre que c'est préjuger de l'obligation pour un psychanalyste d'appartenir à une association, comment ignorer que cette discrimination des psychanalystes est, sous couvert de reconnaître les uns comme psychothérapeutes, les autres non, un pas insidieux vers l'intégration de la psychanalyse dans la psychothérapie et, par conséquent, vers le contrôle de celle-là à travers celle-ci ? D'autres collègues sont tentés par une adaptation de la législation italienne à la France, solution qui présente le même danger sous d'autres modalités. Nous estimons que le renforcement, par ce biais, du pouvoir institutionnel des associations de psychanalyse sur les psychanalystes va à l'encontre des exigences que nous avons exposées concernant la formation des psychanalystes. De fait, qu'une association de psychanalyse puisse qualifier comme psychothérapeutes ceux de ses membres qu'elle aura inscrits comme psychanalystes dans son annuaire transformera *ipso facto* ladite association en institut privé de formation psychothérapeutique, sans parler du problème plus qu'épineux des modalités d'habilitation des associations de psychanalyse qui seraient habilitées à...

Pour ces raisons, nous nous opposons au projet de loi voté par le Sénat (Giraud-Mattei) ou à tout autre qui viserait à réglementer l'exercice de la psychanalyse et nous vous appelons à vous joindre à nous en signant ce texte.

Ni statut d'État ni Ordre pour la psychanalyse*

Cent cinquante ans après la naissance de Freud, la psychanalyse a incontestablement diffusé dans le monde, mais cette diffusion se présente de façon contrastée. D'une part, elle témoigne d'une grande vitalité dans de nombreux pays d'Amérique latine et essaime désormais jusqu'en Chine ; d'autre part dans l'Europe qui l'a vue naître et même en France où l'enseignement de Lacan lui a redonné vie et lui a permis d'occuper une place de premier plan, elle traverse une crise sérieuse.

Elle est en effet l'objet d'attaques déterminées de la part d'idéologies scientistes issues des neurosciences et des psychologies cognitives et comportementales. Ces critiques, qui n'ont pas varié depuis les premiers travaux de Freud, reçoivent désormais le soutien actif de l'État au profit de sa nouvelle gestion bureaucratique de la « santé mentale ». Les décrets d'application démontrent que la mise aux normes des savoirs requis pour l'usage du titre de psychothérapeute implique à terme que la psychanalyse doit être rejetée, ou placée en liberté surveillée.

---

* Pétition lancée le 1er mars 2006, disponible sur le site www.nistatutniordre.org

Mais cette crise est due également au fait que des psychanalystes se sont fourvoyés dans des négociations réglementaires impliquant indirectement l'exercice de la psychanalyse (les « listes de psychanalystes »). N'ayant pas refusé le principe de la réglementation, certains se disent déçus du résultat, mais d'autres persistent dans la même logique puisqu'ils évoquent l'idée d'un Ordre des psychanalystes. La prétendue protection donnée par la loi – on a vu ce qu'il en était ! – prendrait ainsi clairement la forme d'une réglementation de la psychanalyse elle-même, au nom du même argument que celui du législateur : distinguer les vrais psychanalystes des charlatans.

Mais qui dit Ordre dit consensus sur ce qui permet de reconnaître un parmi les pairs. Ce consensus n'existe pas. La formation du psychanalyste est et doit rester l'enjeu même de la psychanalyse, elle ne relève en aucune manière d'une sélection ou d'une cooptation opérée par les « anciens », les « notables » ou les « chevronnés ». Devenir analyste est toujours une décision anticipatrice et celui qui prend cette décision l'a déjà fait quand il demande à ses pairs de le reconnaître. Oublier ce principe selon lequel un psychanalyste n'est tel que s'il a effectué cet acte, c'est transformer l'expérience analytique en initiation et l'ensemble des psychanalystes en corporation.

La question de savoir comment peut s'authentifier ce franchissement que constitue le passage de l'analysant à l'analyste doit rester ouverte. l'absence flagrante de débat à ce sujet dans la communauté analytique fragilise la psychanalyse face aux demandes de garantie dont elle est l'objet. Il serait souhaitable que les psychanalystes, qu'ils appartiennent ou non à une association, mesurent la nécessité de mettre en place des lieux d'échange et de confrontation sur ce problème crucial de la formation.

Au lieu d'affronter publiquement la difficulté, le choix d'une administration normalisante supposerait la question résolue et ferait le lit du conformisme et de l'arrivisme. l'abri pour la communauté aurait tôt fait de montrer sa logique ségrégative, car s'il y a Ordre il n'est point d'exercice hors de sa reconnaissance, ce qui suppose l'exclusion de ceux qui n'en partagent pas les principes.

En conséquence, les soussignés déclarent que la pratique de la psychanalyse ne saurait être réglementée, ni garantie par un statut d'État, ni encadrée par un Ordre.

Sophie Aouillé, psychanalyste à Paris, est membre de la lettre lacanienne, une école de la psychanalyse et du comité de rédaction de la revue *Essaim*.

Pierre Bruno, psychanalyste à Paris, est membre de l'Association de psychanalyse Jacques Lacan. A créé et dirigé la revue *Barca !* (poésie, politique, psychanalyse), puis dirigé la revue *Psychanalyse*. Vient de publier *Lacan passeur de Marx* (Érès, 2010).

Franck Chaumon exerce la psychanalyse à Paris. Il anime l'association Pratiques de la folie.

Guy Lérès pratique la psychanalyse à Paris. Il est membre de la lettre lacanienne, une école de la psychanalyse.

Michel Plon, psychanalyste à Paris, est membre du comité de rédaction de la revue *Essaim* et de *La Quinzaine littéraire*.

Erik Porge est psychanalyste à Paris. Ancien membre de l'EFP jusqu'à sa dissolution, il est actuellement membre de la lettre lacanienne, une école de la psychanalyse. Cofondateur de la revue *Littoral*, il dirige la revue *Essaim* et a publié de nombreux ouvrages, notamment chez Érès.

Chez le même éditeur

Tariq Ali, *Bush à Babylone. La recolonisation de l'Irak.*

Bernard Aspe, *L'instant d'après. Projectiles pour une politique à l'état naissant.*

Alain Badiou, *Petit panthéon portatif.*

Moustapha Barghouti, *Rester sur la montagne. Entretiens sur la Palestine avec Eric Hazan.*

Omar Barghouti, *Boycott, désinvestissement, sanctions. BDS contre l'apartheid et l'occupation de la Palestine.*

Zygmunt Bauman, *Modernité et holocauste.*

Jean Baumgarten, *Un léger incident ferroviaire. Récit autobiographique.*

Walter Benjamin, *Essais sur Brecht.*

Daniel Bensaïd, *Les dépossédés. Karl Marx, les voleurs de bois et le droit des pauvres.*

Daniel Bensaïd, *Tout est encore possible. Entretiens avec Fred Hilgemann.*

Auguste Blanqui, *Maintenant, il faut des armes. Textes présentés par Dominique Le Nuz.*

Erik Blondin, *Journal d'un gardien de la paix.*

Marie-Hélène Bourcier, *Sexpolitique. Queer Zones 2.*

Bruno Bosteels, *Alain Badiou, une trajectoire polémique.*

Alain Brossat, *Pour en finir avec la prison.*

Pilar Calveiro, *Pouvoir et disparition. Les camps de concentration en Argentine.*

Grégoire Chamayou, *Les Chasses à l'homme.*

Ismahane Chouder, Malika Latrèche, Pierre Tevanian, *Les filles voilées parlent.*

Cimade, *Votre voisin n'a pas de papiers. Paroles d'étrangers.*

Comité invisible, *L'insurrection qui vient.*

Christine Delphy, *Classer, dominer. Qui sont les « autres » ?*

Alain Deneault, *Offshore. Paradis fiscaux et souveraineté criminelle.*

Raymond Depardon, *Images politiques.*

Jean-Pierre Faye, Michèle Cohen-Halimi, *L'histoire cachée du nihilisme. Jacobi, Dostoïevski, Heidegger, Nietzsche.*

Norman G. Finkelstein, *L'industrie de l'holocauste. Réflexions sur l'exploitation de la souffrance des Juifs.*

Charles Fourier, *Vers une enfance majeure. Textes présentés par René Schérer.*

Françoise Fromonot, *La campagne des Halles. Les nouveaux malheurs de Paris.*

Isabelle Garo, *L'idéologie ou la pensée embarquée.*

Nacira Guénif-Souilamas *(dir.), La république mise à nu par son immigration.*

Amira Hass, *Boire la mer à Gaza, chroniques 1993-1996.*

Eric Hazan, *Chronique de la guerre civile.*

Eric Hazan, *Notes sur l'occupation. Naplouse, Kalkilyia, Hébron.*

Henri Heine, *Lutèce. Lettres sur la vie politique, artistique et sociale de la France.*

Victor Hugo, *Histoire d'un crime*

Rashid Khalidi, *L'identité palestinienne. La construction d'une conscience nationale moderne.*

Sadri Khiari, *La contre-révolution coloniale en France. De de Gaulle à Sarkozy.*

Yitzhak Laor, *Le nouveau philosémitisme européen et le « camp de la paix » en Israël.*

Gideon Levy, *Gaza. Articles pour* Haaretz *(2006-2009).*

Laurent Lévy, *"La gauche", les Noirs et les Arabes.*

Frédéric Lordon, *Capitalisme, désir et servitude. Marx et Spinoza.*

Pierre Macherey, *De Canguilhem à Foucault, la force des normes.*

Gilles Magniont, Yann Fastier, *Avec la langue. Chroniques du «Matricule des anges»*

Karl Marx, *Sur la question juive. Présenté par Daniel Bensaïd.*

Karl Marx, Friedrich Engels, *Inventer l'inconnu. Textes et correspondance autour de la Commune. Précédé de « Politique de Marx » par Daniel Bensaïd.*

Joseph A. Massad, *La persistance de la question palestinienne.*

Albert Mathiez, *La Réaction thermidorienne. Introduction de Yannick Bosc et Florence Gauthier.*

Louis Ménard, *Prologue d'une révolution (février-juin 1848). Présenté par Maurizio Gribaudi.*

Elfriede Müller & Alexander Ruoff, *Le polar français. Crime et histoire.*

Ilan Pappé, *La guerre de 1948 en Palestine. Aux origines du conflit israélo-arabe.*

Ilan Pappé, *Les démons de la Nakbah.*

François Pardigon, *Épisodes des journées de juin 1848.*

Jacques Rancière, *Le partage du sensible. Esthétique et politique.*

Jacques Rancière, *Le destin des images.*

Jacques Rancière, *La haine de la démocratie.*

Jacques Rancière, *Le spectateur émancipé.*

Jacques Rancière, *Moments politiques. Interventions, 1977-2009.*

Textes rassemblés par J. Rancière & A. Faure, *La parole ouvrière 1830-1851.*

Amnon Raz-Krakotzkin, *Exil et souveraineté. Judaïsme, sionisme et pensée binationale.*

Tanya Reinhart, *Détruire la Palestine, ou comment terminer la guerre de 1948.*

Tanya Reinhart, *L'héritage de Sharon. Détruire la Palestine, suite.*

Robespierre, *Pour le bonheur et pour la liberté. Discours choisis.*

Julie Roux, *Inévitablement (après l'école).*

Christian Ruby, *L'Interruption Jacques Rancière et la politique.*

Gilles Sainati & Ulrich Schalchli, *La décadence sécuritaire.*

André Schiffrin, *L'édition sans éditeurs.*

André Schiffrin, *Le contrôle de la parole. L'édition sans éditeurs, suite.*

André Schiffrin, *L'argent et les mots.*

Ella Shohat, *Le sionisme du point de vue de ses victimes juives. Les juifs orientaux en Israël.*

Syndicat de la Magistrature, *Les Mauvais jours finiront. 40 de combats pour la justice et les libertés.*

E.P. Thompson, *Temps, discipline du travail et capitalisme industriel.*

Tiqqun, *Théorie du Bloom.*

Tiqqun, *Contributions à la guerre en cours.*

Tiqqun, *Tout a failli, vive le communisme!*

Enzo Traverso, *La violence nazie, une généalogie européenne.*

Enzo Traverso, *Le passé : modes d'emploi. Histoire, mémoire, politique.*

François-Xavier Vershave
& Philippe Hauser,
Au mépris des peuples.
Le néocolonialisme franco-africain.

Louis-René Villermé, *La mortalité dans les divers quartiers de Paris.*

Sophie Wahnich,
La liberté ou la mort.
Essai sur la Terreur et le terrorisme.

Michel Warschawski (dir.),
La révolution sioniste est morte.
Voix israéliennes contre l'occupation, 1967-2007.

Michel Warschawski,
Programmer le désastre.
La politique israélienne à l'œuvre.

Eyal Weizman,
À travers les murs. L'architecture de la nouvelle guerre urbaine.

Slavoj Žižek,
Mao. De la pratique et de la contradiction.

Collectif,
Le livre : que faire ?

Giorgio Agamben, Alain Badiou, Daniel Bensaïd, Wendy Brown, Jean-Luc Nancy, Jacques Rancière, Kristin Ross, Slavoj Žižek,
Démocratie, dans quel état ?

Cet ouvrage a été achevé d'imprimer
par l'Imprimerie Floch à Mayenne
en janvier 2011.

Numéro d'impression : 78661.
Dépôt légal : septembre 2010.
Imprimé en France